Copyright © 2020 by Kaye Nutman

All rights reserved. This book or any portion thereof may not be reproduced or used in any manner whatsoever without the express written permission of the publisher except for the use of brief quotations in a book review or scholarly journal.

First Printing: 2020

oggytheoggdesign

Brighton Victoria Australia

www.kayenutman-writer.com


Please check my website www.kayenutman-writer.com
or Ingram Spark, Amazon and many other book sellers, for more books
in the Sudoku for Kids Puzzle range, and other books by me
Kaye Nutman - oggytheoggdesign.
If you'd like printable versions, then you'll find them on my website and
through Etsy too.
You can join my author group on Facebook at
Kaye Nutman - Author
www.facebook.com/groups/360878484067782

oggytheoggdesign

# SUDOKU FOR KIDS
## VOLUME 3

## Dedicated to

To all the children i taught, who are now passing on their love of learning to their own young ones.

And
to all my adventurous Great-Nephews and Nieces, who get so much enjoyment from playing with numbers.

# CONTENTS:

How to SUDOKU 4 x 4
Level One 4 x 4 Grids                    (Nice and Easy)
Level Two 4 x 4 Grids                              (Easy)
Level Three 4 x 4 Grids                    (A bit harder)
Level Four 6 x 6 Grids                             (Easy)
Level Five 6 x 6 Grids                     (Medium/Hard)
How to SUDOKU 9 x 9
Level Six 9 x 9 Grids                         (Very Easy)
Level Seven 9x9 Grids             (Easy/A Bit Harder)
Surprise Section! Bonus Puzzles
Book Mark to cut and colour

i'd love to know what you think!
if you enjoy this book, *PLEASE* leave a review!
it is a huge help to indie authors like me.

# How to solve these Sudoku Puzzles

The shapes used in Sudoku are squares – but we use other names too, so we can tell them apart.

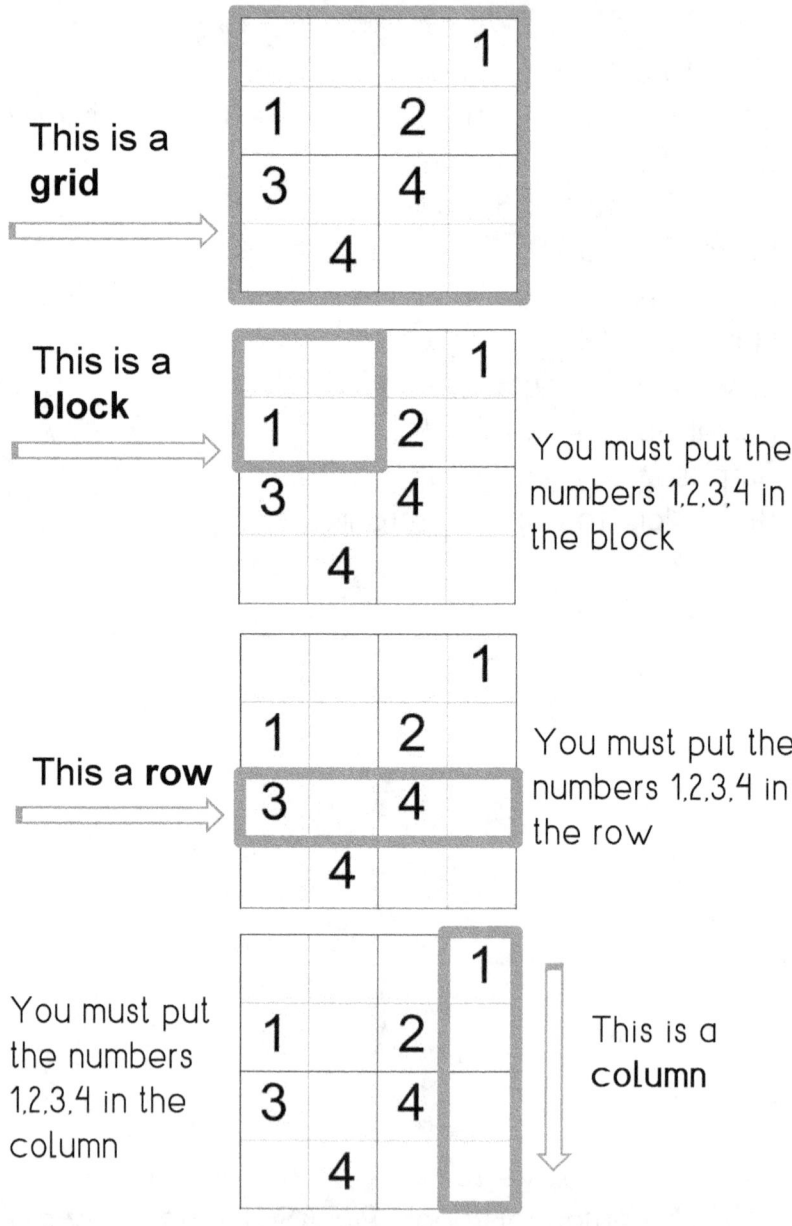

This is a **grid**

This is a **block**

You must put the numbers 1,2,3,4 in the block

This a **row**

You must put the numbers 1,2,3,4 in the row

You must put the numbers 1,2,3,4 in the column

This is a **column**

There are 4 blocks, 4 rows and 4 columns in a grid. Point to a block... a row... a column. You need to remember these words and what they mean.

# To play Sudoku you must remember these Rules

1 – Every row, column and block must contain the numbers 1,2,3,4.
2 – You cannot use the same number twice in a row, column or block.

It is best to begin by being LOGICAL. Let's start with the first **block**. Use a pencil or pointer to follow my tips.

We know we have to put the numbers 2, 3 and 4 in here, as we already have 1.

Let's start with the number [2]. Look along each **row** and down each **column** for any other 2's.

2 cannot go in the second row of the block as the second row already has a 2. It must go in the first row, but we can't be certain where... yet. We need more clues. What about the number [3]? It can't go in column 1 as there is already a 3 there. So it must go in column two somewhere – but we can't tell where... yet.

So, what about [4]? It can't go in the second column. Why? There's a 4 there already. Great! Now we know that the 4 must go at the top of column one. Which leaves 2 and 3. Since 2 cannot go in row two, it must go in row 1. Leaving 1 space for the 3.

YAY! We have filled the first block – 1,2,3,4. There's a bonus... Can you now fill in column one and column two? What number is missing? Now row three can be filled in, and so on. Use a pencil, solve this sudoku puzzle now. Think 1,2,3,4.

# LEVEL One
# NEW LEARNERS
# 4X4 GRiDS

Name her: _____

Would you like to colour this ballerina in?
REWARDS: Colour each dancer.

# Puzzle 1
## 4x4 Nice and Easy

|   | 3 | 4 |   |
|---|---|---|---|
| 1 |   |   |   |
|   |   |   | 4 |
|   | 1 | 2 |   |

## Puzzle 2
## 4x4 Nice and Easy

|   |   | 3 |   |
|---|---|---|---|
| 3 |   |   | 1 |
| 4 |   |   | 2 |
|   | 2 |   |   |

# Puzzle 3
## 4x4 Nice and Easy

|   | 4 | 3 |   |
|---|---|---|---|
|   |   |   | 1 |
| 4 |   |   |   |
|   | 2 | 1 |   |

## Puzzle 4
## 4x4 Nice and Easy

|   | 1 | 4 |   |
|---|---|---|---|
| 3 |   |   |   |
|   |   |   | 4 |
|   | 3 | 2 |   |

# Puzzle 5
## 4x4 Nice and Easy

|   | 3 | 4 |   |
|---|---|---|---|
| 1 |   |   |   |
|   |   |   | 4 |
|   | 1 | 2 |   |

## Puzzle 6
## 4x4 Nice and Easy

|   | 3 | 2 |   |
|---|---|---|---|
| 1 |   |   |   |
|   |   |   | 2 |
|   | 1 | 4 |   |

# Puzzle 7
# 4x4 Nice and Easy

|   |   | 1 |   |
|---|---|---|---|
| 1 |   |   | 3 |
| 4 |   |   | 2 |
|   | 2 |   |   |

## Puzzle 8
## 4x4 Nice and Easy

|   | 2 | 1 |   |
|---|---|---|---|
|   |   |   | 3 |
| 2 |   |   |   |
|   | 4 | 3 |   |

# Puzzle 9
## 4x4 Nice and Easy

|   | 2 |   |   |
|---|---|---|---|
| 4 |   |   | 2 |
| 3 |   |   | 1 |
|   |   | 3 |   |

## Puzzle 10
## 4x4 Nice and Easy

|   | 3 | 4 |   |
|---|---|---|---|
| 2 |   |   |   |
|   |   |   | 4 |
|   | 2 | 1 |   |

# Puzzle 11
# 4x4 Nice and Easy

|   | 2 | 1 |   |
|---|---|---|---|
|   |   |   | 3 |
| 2 |   |   |   |
|   | 4 | 3 |   |

## Puzzle 12
## 4x4 Nice and Easy

|   | 4 | 3 |   |
|---|---|---|---|
|   |   |   | 1 |
| 4 |   |   |   |
|   | 2 | 1 |   |

# Answers – Level One

### Solution for Puzzle 1

| 2 | 3 | 4 | 1 |
|---|---|---|---|
| 1 | 4 | 3 | 2 |
| 3 | 2 | 1 | 4 |
| 4 | 1 | 2 | 3 |

### Solution for Puzzle 2

| 2 | 1 | 3 | 4 |
|---|---|---|---|
| 3 | 4 | 2 | 1 |
| 4 | 3 | 1 | 2 |
| 1 | 2 | 4 | 3 |

### Solution for Puzzle 3

| 1 | 4 | 3 | 2 |
|---|---|---|---|
| 2 | 3 | 4 | 1 |
| 4 | 1 | 2 | 3 |
| 3 | 2 | 1 | 4 |

### Solution for Puzzle 4

| 2 | 1 | 4 | 3 |
|---|---|---|---|
| 3 | 4 | 1 | 2 |
| 1 | 2 | 3 | 4 |
| 4 | 3 | 2 | 1 |

## Solution for Puzzle 5

| 2 | 3 | 4 | 1 |
|---|---|---|---|
| 1 | 4 | 3 | 2 |
| 3 | 2 | 1 | 4 |
| 4 | 1 | 2 | 3 |

## Solution for Puzzle 6

| 4 | 3 | 2 | 1 |
|---|---|---|---|
| 1 | 2 | 3 | 4 |
| 3 | 4 | 1 | 2 |
| 2 | 1 | 4 | 3 |

## Solution for Puzzle 7

| 2 | 3 | 1 | 4 |
|---|---|---|---|
| 1 | 4 | 2 | 3 |
| 4 | 1 | 3 | 2 |
| 3 | 2 | 4 | 1 |

## Solution for Puzzle 8

| 3 | 2 | 1 | 4 |
|---|---|---|---|
| 4 | 1 | 2 | 3 |
| 2 | 3 | 4 | 1 |
| 1 | 4 | 3 | 2 |

## Solution for Puzzle 9

| 1 | 2 | 4 | 3 |
|---|---|---|---|
| 4 | 3 | 1 | 2 |
| 3 | 4 | 2 | 1 |
| 2 | 1 | 3 | 4 |

## Solution for Puzzle 10

| 1 | 3 | 4 | 2 |
|---|---|---|---|
| 2 | 4 | 3 | 1 |
| 3 | 1 | 2 | 4 |
| 4 | 2 | 1 | 3 |

## Solution for Puzzle 11

| 3 | 2 | 1 | 4 |
|---|---|---|---|
| 4 | 1 | 2 | 3 |
| 2 | 3 | 4 | 1 |
| 1 | 4 | 3 | 2 |

## Solution for Puzzle 12

| 1 | 4 | 3 | 2 |
|---|---|---|---|
| 2 | 3 | 4 | 1 |
| 4 | 1 | 2 | 3 |
| 3 | 2 | 1 | 4 |

# LEVEL Two
# FLEDGLING DANCERS
# 4X4 GRIDS

Name her: _____

Would you like to colour this ballerina in?

## Puzzle 1
## 4x4 Easy

|   | 3 | 4 |   |
|---|---|---|---|
|   |   |   | 2 |
| 3 |   |   |   |
|   | 1 | 2 |   |

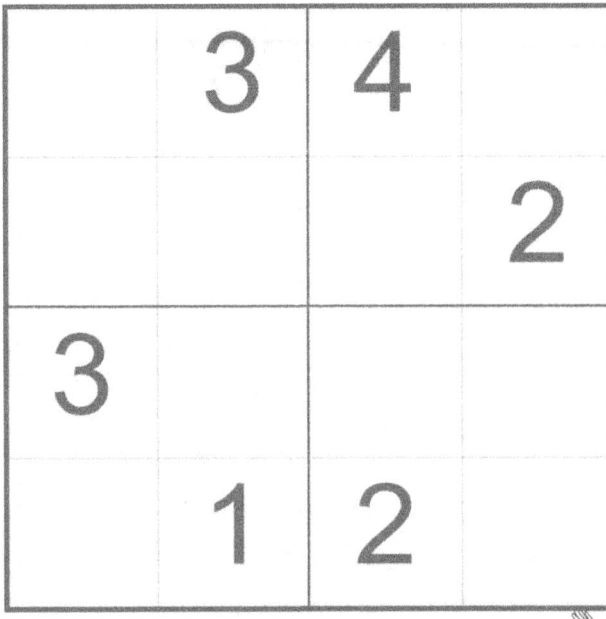

## Puzzle 2
## 4x4 Easy

|   | 1 |   |   |
|---|---|---|---|
| 3 |   |   | 1 |
| 2 |   |   | 4 |
|   |   | 2 |   |

## Puzzle 3
### 4x4 Easy

|   |   | 3 |   |
|---|---|---|---|
| 3 |   |   | 1 |
| 4 |   |   | 2 |
|   | 2 |   |   |

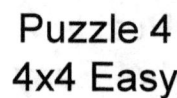

## Puzzle 4
### 4x4 Easy

|   | 1 |   |   |
|---|---|---|---|
| 3 |   |   | 1 |
| 2 |   |   | 4 |
|   |   | 2 |   |

## Puzzle 5
## 4x4 Easy

|   |   | 1 |   |
|---|---|---|---|
| 1 |   |   | 3 |
| 4 |   |   | 2 |
|   | 2 |   |   |

## Puzzle 6
## 4x4 Easy

|   | 3 | 4 |   |
|---|---|---|---|
| 1 |   |   |   |
|   |   |   | 4 |
|   | 1 | 2 |   |

## Puzzle 7
### 4x4 Easy

|   |   | 4 |   |
|---|---|---|---|
| 4 |   |   | 2 |
| 3 |   |   | 1 |
|   | 1 |   |   |

## Puzzle 8
### 4x4 Easy

|   | 2 | 1 |   |
|---|---|---|---|
|   |   |   | 3 |
| 2 |   |   |   |
|   | 4 | 3 |   |

## Puzzle 9
### 4x4 Easy

|   |   | 1 |   |
|---|---|---|---|
| 1 |   |   | 3 |
| 4 |   |   | 2 |
|   | 2 |   |   |

## Puzzle 10
### 4x4 Easy

|   | 4 |   |   |
|---|---|---|---|
| 1 |   |   | 4 |
| 2 |   |   | 3 |
|   |   | 2 |   |

## Puzzle 11
## 4x4 Easy

|   | 2 |   |   |
|---|---|---|---|
| 3 |   |   | 2 |
| 4 |   |   | 1 |
|   |   | 4 |   |

## Puzzle 12
## 4x4 Easy

|   | 3 | 2 |   |
|---|---|---|---|
| 1 |   |   |   |
|   |   |   | 2 |
|   | 1 | 4 |   |

# Answers – Level Two

Solution for Puzzle 1

| 2 | 3 | 4 | 1 |
|---|---|---|---|
| 1 | 4 | 3 | 2 |
| 3 | 2 | 1 | 4 |
| 4 | 1 | 2 | 3 |

Solution for Puzzle 2

| 4 | 1 | 3 | 2 |
|---|---|---|---|
| 3 | 2 | 4 | 1 |
| 2 | 3 | 1 | 4 |
| 1 | 4 | 2 | 3 |

Solution for Puzzle 3

| 2 | 1 | 3 | 4 |
|---|---|---|---|
| 3 | 4 | 2 | 1 |
| 4 | 3 | 1 | 2 |
| 1 | 2 | 4 | 3 |

Solution for Puzzle 4

| 4 | 1 | 3 | 2 |
|---|---|---|---|
| 3 | 2 | 4 | 1 |
| 2 | 3 | 1 | 4 |
| 1 | 4 | 2 | 3 |

## Solution for Puzzle 5

| 2 | 3 | 1 | 4 |
|---|---|---|---|
| 1 | 4 | 2 | 3 |
| 4 | 1 | 3 | 2 |
| 3 | 2 | 4 | 1 |

## Solution for Puzzle 6

| 2 | 3 | 4 | 1 |
|---|---|---|---|
| 1 | 4 | 3 | 2 |
| 3 | 2 | 1 | 4 |
| 4 | 1 | 2 | 3 |

## Solution for Puzzle 7

| 1 | 2 | 4 | 3 |
|---|---|---|---|
| 4 | 3 | 1 | 2 |
| 3 | 4 | 2 | 1 |
| 2 | 1 | 3 | 4 |

## Solution for Puzzle 8

| 3 | 2 | 1 | 4 |
|---|---|---|---|
| 4 | 1 | 2 | 3 |
| 2 | 3 | 4 | 1 |
| 1 | 4 | 3 | 2 |

## Solution for Puzzle 9

| 2 | 3 | 1 | 4 |
|---|---|---|---|
| 1 | 4 | 2 | 3 |
| 4 | 1 | 3 | 2 |
| 3 | 2 | 4 | 1 |

## Solution for Puzzle 10

| 3 | 4 | 1 | 2 |
|---|---|---|---|
| 1 | 2 | 3 | 4 |
| 2 | 1 | 4 | 3 |
| 4 | 3 | 2 | 1 |

## Solution for Puzzle 11

| 1 | 2 | 3 | 4 |
|---|---|---|---|
| 3 | 4 | 1 | 2 |
| 4 | 3 | 2 | 1 |
| 2 | 1 | 4 | 3 |

## Solution for Puzzle 12

| 4 | 3 | 2 | 1 |
|---|---|---|---|
| 1 | 2 | 3 | 4 |
| 3 | 4 | 1 | 2 |
| 2 | 1 | 4 | 3 |

DO YOU FANCY
SOMETHING
A BIT HARDER?

# LEVEL Three
# APPRENTiCE DANCERS
# 4X4 GRiDS

Name him:
_____

Would you like to colour this dancer in?

Puzzle 1
4x4 Hard

|   | 2 |   |   |
|---|---|---|---|
| 1 |   |   |   |
|   |   |   | 3 |
|   | 3 | 4 |   |

Puzzle 2
4x4 Hard

|   |   | 3 |   |
|---|---|---|---|
|   |   |   | 4 |
| 2 |   |   | 3 |
|   | 1 |   |   |

Puzzle 3
4x4 Hard

|   |   | 3 |   |
|---|---|---|---|
|   |   |   | 4 |
| 1 |   |   |   |
|   | 2 | 1 |   |

Puzzle 4
4x4 Hard

|   |   | 2 |   |
|---|---|---|---|
|   |   |   | 3 |
| 1 |   |   | 2 |
|   | 4 |   |   |

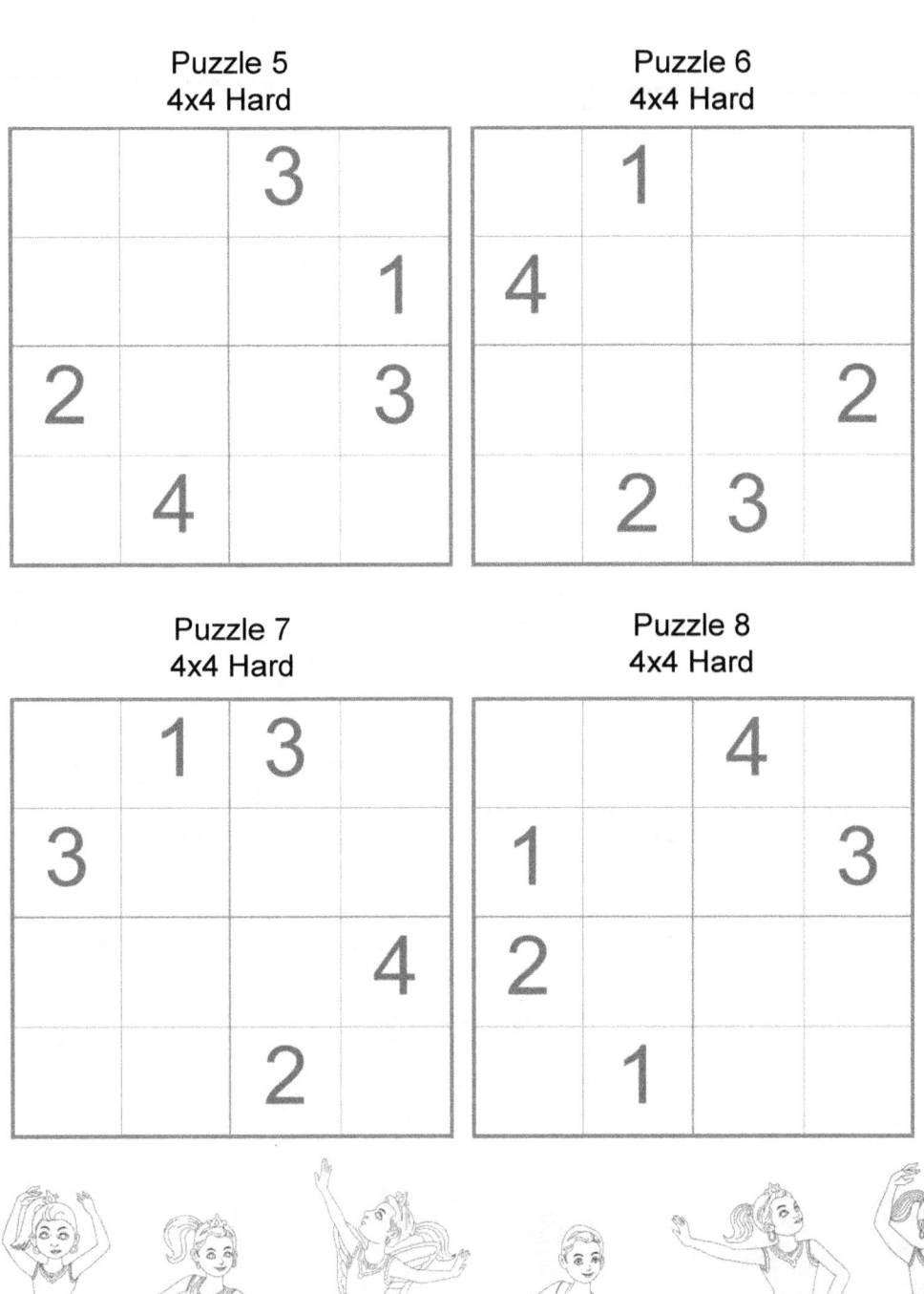

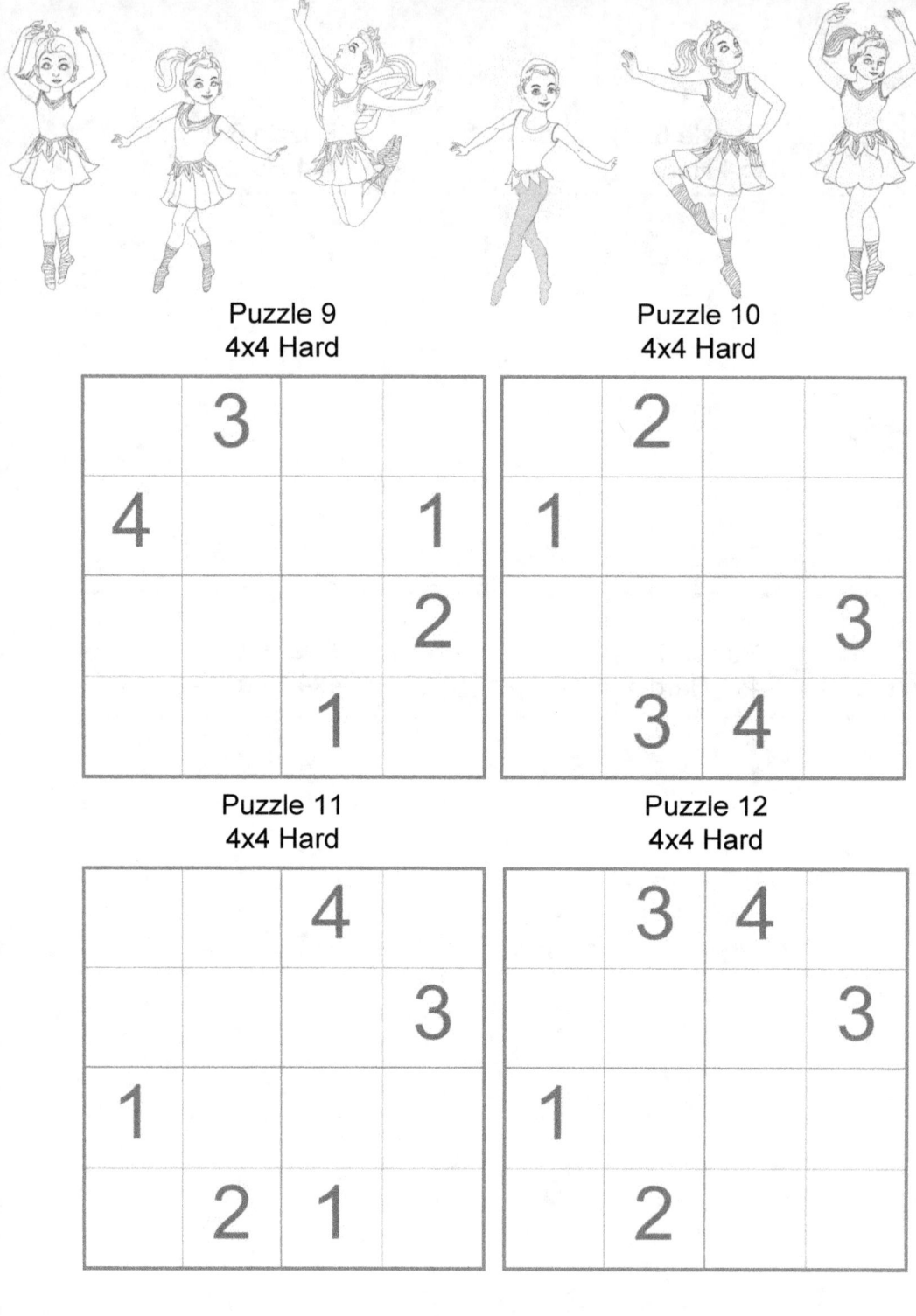

## Puzzle 13
### 4x4 Hard

|   | 3 | 2 |   |
|---|---|---|---|
| 2 |   |   |   |
|   |   |   | 4 |
|   |   | 1 |   |

## Puzzle 14
### 4x4 Hard

|   |   |   | 2 |
|---|---|---|---|
| 4 |   |   | 3 |
| 1 |   |   |   |
|   |   | 4 |   |

## Puzzle 15
### 4x4 Hard

|   | 4 |   |   |
|---|---|---|---|
| 3 |   |   | 1 |
|   |   |   | 2 |
|   |   | 1 |   |

## Puzzle 16
### 4x4 Hard

|   |   | 3 |   |
|---|---|---|---|
|   |   |   | 1 |
| 2 |   |   | 3 |
|   | 4 |   |   |

### Puzzle 17
4x4 Hard

|   | 3 |   |   |
|---|---|---|---|
| 4 |   |   |   |
| 3 |   |   | 2 |
|   |   | 1 |   |

### Puzzle 18
4x4 Hard

|   |   | 1 | 2 |
|---|---|---|---|
|   |   |   | 1 |
| 3 |   |   |   |
|   | 4 |   |   |

### Puzzle 19
4x4 Hard

|   | 4 | 3 |   |
|---|---|---|---|
| 3 |   |   |   |
|   |   |   | 1 |
|   |   | 2 |   |

### Puzzle 20
4x4 Hard

|   | 4 |   |   |
|---|---|---|---|
| 3 |   |   |   |
|   |   |   | 1 |
|   | 1 | 2 |   |

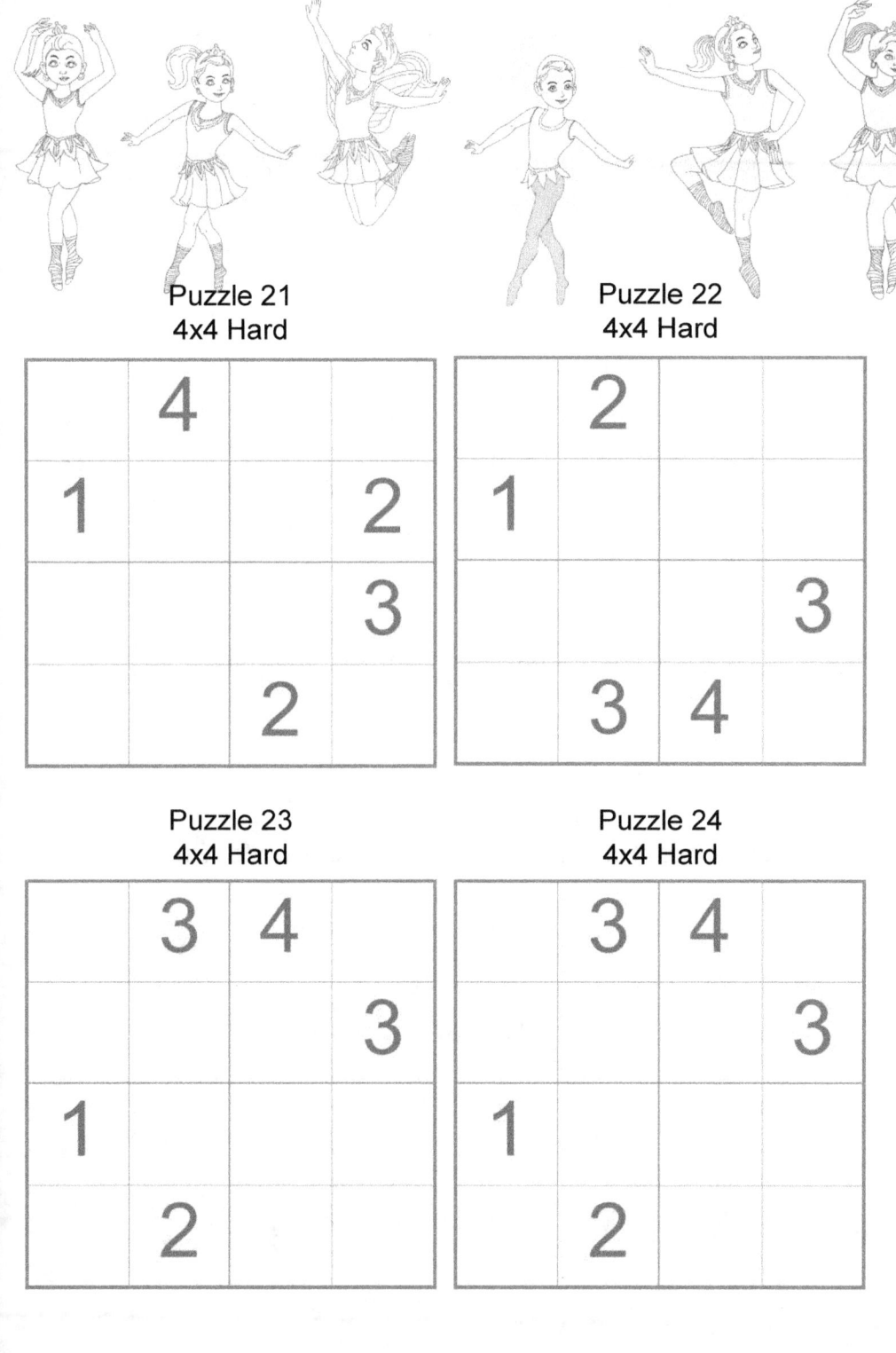

# Answers – Level Three

### Solution for Puzzle 1

| 3 | 2 | 1 | 4 |
|---|---|---|---|
| 1 | 4 | 3 | 2 |
| 4 | 1 | 2 | 3 |
| 2 | 3 | 4 | 1 |

### Solution for Puzzle 2

| 4 | 2 | 3 | 1 |
|---|---|---|---|
| 1 | 3 | 2 | 4 |
| 2 | 4 | 1 | 3 |
| 3 | 1 | 4 | 2 |

### Solution for Puzzle 3

| 2 | 4 | 3 | 1 |
|---|---|---|---|
| 3 | 1 | 2 | 4 |
| 1 | 3 | 4 | 2 |
| 4 | 2 | 1 | 3 |

### Solution for Puzzle 4

| 3 | 1 | 2 | 4 |
|---|---|---|---|
| 4 | 2 | 1 | 3 |
| 1 | 3 | 4 | 2 |
| 2 | 4 | 3 | 1 |

## Solution for Puzzle 5

| 1 | 2 | 3 | 4 |
|---|---|---|---|
| 4 | 3 | 2 | 1 |
| 2 | 1 | 4 | 3 |
| 3 | 4 | 1 | 2 |

## Solution for Puzzle 6

| 2 | 1 | 4 | 3 |
|---|---|---|---|
| 4 | 3 | 2 | 1 |
| 3 | 4 | 1 | 2 |
| 1 | 2 | 3 | 4 |

## Solution for Puzzle 7

| 4 | 1 | 3 | 2 |
|---|---|---|---|
| 3 | 2 | 4 | 1 |
| 2 | 3 | 1 | 4 |
| 1 | 4 | 2 | 3 |

## Solution for Puzzle 8

| 3 | 2 | 4 | 1 |
|---|---|---|---|
| 1 | 4 | 2 | 3 |
| 2 | 3 | 1 | 4 |
| 4 | 1 | 3 | 2 |

## Solution for Puzzle 9

| 1 | 3 | 2 | 4 |
|---|---|---|---|
| 4 | 2 | 3 | 1 |
| 3 | 1 | 4 | 2 |
| 2 | 4 | 1 | 3 |

## Solution for Puzzle 10

| 3 | 2 | 1 | 4 |
|---|---|---|---|
| 1 | 4 | 3 | 2 |
| 4 | 1 | 2 | 3 |
| 2 | 3 | 4 | 1 |

## Solution for Puzzle 11

| 2 | 3 | 4 | 1 |
|---|---|---|---|
| 4 | 1 | 2 | 3 |
| 1 | 4 | 3 | 2 |
| 3 | 2 | 1 | 4 |

## Solution for Puzzle 12

| 2 | 3 | 4 | 1 |
|---|---|---|---|
| 4 | 1 | 2 | 3 |
| 1 | 4 | 3 | 2 |
| 3 | 2 | 1 | 4 |

## Solution for Puzzle 13

| 4 | 3 | 2 | 1 |
|---|---|---|---|
| 2 | 1 | 4 | 3 |
| 1 | 2 | 3 | 4 |
| 3 | 4 | 1 | 2 |

## Solution for Puzzle 14

| 3 | 1 | 2 | 4 |
|---|---|---|---|
| 4 | 2 | 1 | 3 |
| 1 | 3 | 4 | 2 |
| 2 | 4 | 3 | 1 |

## Solution for Puzzle 15

| 1 | 4 | 2 | 3 |
|---|---|---|---|
| 3 | 2 | 4 | 1 |
| 4 | 1 | 3 | 2 |
| 2 | 3 | 1 | 4 |

## Solution for Puzzle 16

| 1 | 2 | 3 | 4 |
|---|---|---|---|
| 4 | 3 | 2 | 1 |
| 2 | 1 | 4 | 3 |
| 3 | 4 | 1 | 2 |

## Solution for Puzzle 17

| 1 | 3 | 2 | 4 |
|---|---|---|---|
| 4 | 2 | 3 | 1 |
| 3 | 1 | 4 | 2 |
| 2 | 4 | 1 | 3 |

## Solution for Puzzle 18

| 4 | 1 | 2 | 3 |
|---|---|---|---|
| 2 | 3 | 4 | 1 |
| 3 | 2 | 1 | 4 |
| 1 | 4 | 3 | 2 |

## Solution for Puzzle 19

| 1 | 4 | 3 | 2 |
|---|---|---|---|
| 3 | 2 | 1 | 4 |
| 2 | 3 | 4 | 1 |
| 4 | 1 | 2 | 3 |

## Solution for Puzzle 20

| 1 | 4 | 3 | 2 |
|---|---|---|---|
| 3 | 2 | 1 | 4 |
| 2 | 3 | 4 | 1 |
| 4 | 1 | 2 | 3 |

## Solution for Puzzle 21

| 2 | 4 | 3 | 1 |
|---|---|---|---|
| 1 | 3 | 4 | 2 |
| 4 | 2 | 1 | 3 |
| 3 | 1 | 2 | 4 |

## Solution for Puzzle 22

| 3 | 2 | 1 | 4 |
|---|---|---|---|
| 1 | 4 | 3 | 2 |
| 4 | 1 | 2 | 3 |
| 2 | 3 | 4 | 1 |

## Solution for Puzzle 23

| 2 | 3 | 4 | 1 |
|---|---|---|---|
| 4 | 1 | 2 | 3 |
| 1 | 4 | 3 | 2 |
| 3 | 2 | 1 | 4 |

## Solution for Puzzle 24

| 2 | 3 | 4 | 1 |
|---|---|---|---|
| 4 | 1 | 2 | 3 |
| 1 | 4 | 3 | 2 |
| 3 | 2 | 1 | 4 |

# WOULD YOU LIKE TO TRY SOMETHING NEW ?
# 6x6 GRIDS

Use the same LOGiC with these 6X6 puzzles. Every row, column and block must contain the numbers 1 – 6. No number can appear twice in the same row, column or block. You can do this!

# LEVEL Four
# CORPS DE BALLET
# 6X6 GRiDS

Name her:
_____

Would you like to colour this ballerina in?

## Puzzle 1
### 6x6 Easy

|   | 2 |   |   |   |   |
|---|---|---|---|---|---|
| 6 |   |   |   | 4 | 2 |
|   | 5 |   | 3 |   |   |
| 3 |   |   |   |   | 1 |
| 1 |   | 5 | 6 |   |   |
|   |   |   |   |   | 3 |

## Puzzle 2
### 6x6 Easy

|   |   |   |   |   | 2 |
|---|---|---|---|---|---|
|   | 2 | 4 | 1 |   |   |
|   |   | 3 |   |   | 5 |
| 6 |   |   | 3 |   |   |
|   |   | 1 | 6 | 5 |   |
| 3 |   |   |   |   |   |

## Puzzle 3
## 6x6 Easy

| 3 |   | 6 | 2 |   |   |
|---|---|---|---|---|---|
|   |   |   |   |   | 6 |
|   | 4 |   |   |   |   |
| 2 |   |   | 5 | 1 |   |
|   | 5 |   | 4 |   |   |
| 4 |   |   |   |   | 1 |

## Puzzle 4
## 6x6 Easy

| 5 | 3 |   | 2 |   |   |
|---|---|---|---|---|---|
|   |   |   |   |   | 5 |
|   |   | 6 |   |   |   |
|   | 2 |   | 4 | 1 |   |
|   |   | 4 | 6 |   |   |
|   | 6 |   |   |   | 1 |

## Puzzle 5
## 6x6 Easy

| 6 |   | 4 | 2 |   |   |
|---|---|---|---|---|---|
|   |   |   |   |   | 4 |
|   | 5 |   |   |   |   |
| 2 |   |   | 3 | 1 |   |
|   | 3 |   | 5 |   |   |
| 5 |   |   |   |   | 1 |

## Puzzle 6
## 6x6 Easy

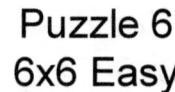

| 4 |   |   |   |   | 6 |
|---|---|---|---|---|---|
|   | 2 |   | 4 |   |   |
| 1 |   |   | 2 | 6 |   |
|   | 4 |   |   |   |   |
|   |   |   |   |   | 3 |
| 5 |   |   | 3 | 1 |   |

## Puzzle 7
## 6x6 Easy

| 5 |   |   |   | 2 |   |
|---|---|---|---|---|---|
|   | 6 |   |   |   | 5 |
| 3 |   |   | 2 |   | 6 |
|   | 5 |   |   |   |   |
|   |   |   |   | 4 |   |
| 1 |   | 4 |   |   | 3 |

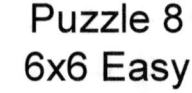

## Puzzle 8
## 6x6 Easy

| 2 |   |   | 4 |   | 3 |
|---|---|---|---|---|---|
|   | 4 |   |   |   |   |
|   |   |   |   | 5 |   |
| 6 |   | 1 |   |   | 2 |
| 5 |   |   |   | 6 |   |
|   | 1 |   |   |   | 5 |

## Puzzle 9
## 6x6 Easy

|   |   |   |   |   |   |
|---|---|---|---|---|---|
| 5 |   |   |   |   | 3 |
|   |   | 3 |   | 6 |   |
|   | 5 | 6 |   |   | 1 |
|   |   |   |   | 3 |   |
| 2 |   |   |   |   |   |
|   |   | 1 | 2 |   | 4 |

## Puzzle 10
## 6x6 Easy

|   |   |   |   |   |   |
|---|---|---|---|---|---|
| 1 |   |   |   | 2 | 6 |
|   | 4 |   |   |   |   |
|   |   |   | 3 |   |   |
| 5 |   | 3 |   | 1 |   |
| 4 |   |   | 6 |   |   |
|   | 2 |   |   | 4 |   |

## Puzzle 11
## 6x6 Easy

|   |   |   |   |   | 6 |
|---|---|---|---|---|---|
| 4 |   | 2 | 3 |   |   |
| 6 |   |   |   |   | 4 |
|   | 2 |   | 6 |   |   |
| 3 |   |   | 1 | 5 |   |
|   | 5 |   |   |   |   |

## Puzzle 12
## 6x6 Easy

|   |   |   | 4 |   |   |
|---|---|---|---|---|---|
| 2 |   | 6 |   | 1 |   |
| 4 |   |   | 2 |   |   |
|   |   | 6 |   | 4 |   |
| 1 |   |   |   | 5 | 3 |
|   | 3 |   |   |   |   |

## Puzzle 13
## 6x6 Easy

| 3 | 5 |   |   | 2 |   |
|---|---|---|---|---|---|
|   |   |   | 3 |   |   |
|   |   | 4 |   |   |   |
|   | 2 |   |   | 6 | 1 |
|   |   | 6 |   | 4 |   |
|   |   | 4 |   | 1 |   |

## Puzzle 14
## 6x6 Easy

|   |   | 2 |   |   | 6 |
|---|---|---|---|---|---|
|   | 6 |   |   | 4 |   |
| 2 | 4 |   |   |   | 3 |
|   |   |   |   | 6 |   |
|   |   | 5 |   |   |   |
|   | 3 |   | 5 |   | 1 |

## Puzzle 15
## 6x6 Easy

|   |   |   |   |   |   |
|---|---|---|---|---|---|
| 3 |   |   |   |   | 1 |
|   | 6 |   | 3 |   |   |
| 2 |   |   | 6 | 1 |   |
|   | 3 |   |   |   |   |
|   |   |   |   |   | 5 |
| 4 |   | 5 | 2 |   |   |

## Puzzle 16
## 6x6 Easy

|   |   |   |   |   |   |
|---|---|---|---|---|---|
|   | 6 |   |   | 5 |   |
| 5 |   |   | 3 |   |   |
| 2 |   | 4 |   | 1 |   |
|   |   |   | 4 |   |   |
|   | 5 |   |   |   |   |
| 1 |   |   |   | 6 | 3 |

## Puzzle 17
## 6x6 Easy

|   | 1 | 3 |   |   | 5 |
|---|---|---|---|---|---|
|   |   |   |   | 1 |   |
| 2 |   |   |   |   |   |
|   |   | 5 | 4 |   | 6 |
| 6 |   |   |   |   | 2 |
|   |   | 2 |   | 4 |   |

## Puzzle 18
## 6x6 Easy

|   |   |   | 6 |   |   |
|---|---|---|---|---|---|
| 6 | 3 |   |   | 1 |   |
|   | 2 |   | 4 |   |   |
|   |   | 5 |   | 2 |   |
|   | 1 |   |   | 5 | 4 |
|   |   | 2 |   |   |   |

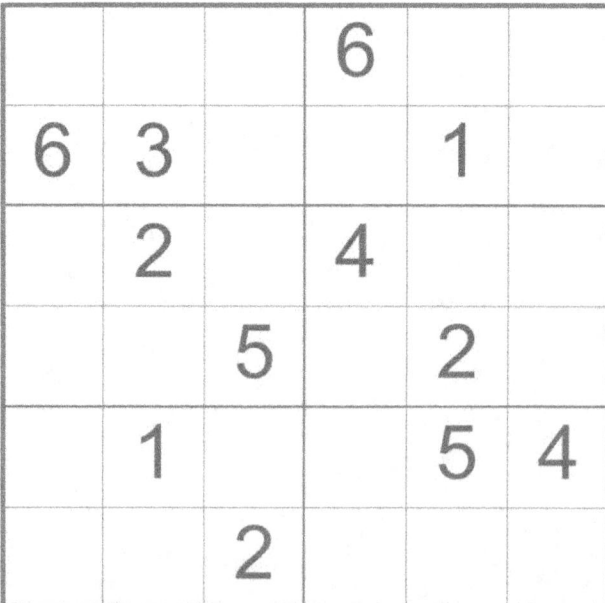

## Puzzle 19
### 6x6 Easy

|   | 1 |   |   | 5 |   |
|---|---|---|---|---|---|
| 5 |   |   | 3 |   |   |
| 3 |   | 1 |   | 2 |   |
|   |   |   | 5 |   |   |
|   | 4 |   |   |   |   |
| 2 |   |   |   | 6 | 4 |

## Puzzle 20
### 6x6 Easy

|   |   | 5 |   | 3 |   |
|---|---|---|---|---|---|
| 1 |   |   |   |   | 5 |
|   |   | 2 | 4 |   | 6 |
| 4 |   |   |   |   |   |
|   |   |   |   | 5 |   |
|   | 1 | 3 |   |   | 2 |

## Puzzle 21
## 6x6 Easy

| 3 |   |   |   |   |   |
|---|---|---|---|---|---|
|   |   | 2 |   | 5 | 3 |
| 1 |   |   |   | 4 |   |
|   |   | 4 | 6 |   |   |
|   | 1 | 6 |   | 2 |   |
|   |   |   | 4 |   |   |

## Puzzle 22
## 6x6 Easy

|   | 1 |   |   | 3 |   |
|---|---|---|---|---|---|
| 3 |   |   | 5 |   |   |
| 4 |   | 2 |   | 6 |   |
|   |   |   | 2 |   |   |
|   | 3 |   |   |   |   |
| 6 |   |   |   | 1 | 5 |

## Puzzle 23
### 6x6 Easy

| 3 |   |   |   | 5 |   |
|---|---|---|---|---|---|
|   | 1 |   |   |   | 3 |
| 6 |   |   | 5 |   | 1 |
|   | 3 |   |   |   |   |
|   |   |   |   | 2 |   |
| 4 |   | 2 |   |   | 6 |

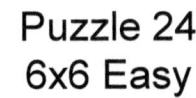

## Puzzle 24
### 6x6 Easy

|   |   |   |   |   | 6 |
|---|---|---|---|---|---|
|   | 2 | 4 | 3 |   |   |
|   |   | 6 |   |   | 4 |
| 2 |   |   | 6 |   |   |
|   |   | 3 | 1 | 5 |   |
| 5 |   |   |   |   |   |

# Answers – Level Four

### Solution for Puzzle 1

| 5 | 2 | 4 | 1 | 3 | 6 |
|---|---|---|---|---|---|
| 6 | 1 | 3 | 4 | 2 | 5 |
| 2 | 5 | 1 | 3 | 6 | 4 |
| 3 | 4 | 6 | 2 | 5 | 1 |
| 1 | 3 | 5 | 6 | 4 | 2 |
| 4 | 6 | 2 | 5 | 1 | 3 |

### Solution for Puzzle 2

| 1 | 3 | 6 | 5 | 4 | 2 |
|---|---|---|---|---|---|
| 5 | 2 | 4 | 1 | 3 | 6 |
| 4 | 1 | 3 | 2 | 6 | 5 |
| 6 | 5 | 2 | 3 | 1 | 4 |
| 2 | 4 | 1 | 6 | 5 | 3 |
| 3 | 6 | 5 | 4 | 2 | 1 |

### Solution for Puzzle 3

| 3 | 1 | 6 | 2 | 4 | 5 |
|---|---|---|---|---|---|
| 5 | 2 | 4 | 1 | 3 | 6 |
| 1 | 4 | 5 | 3 | 6 | 2 |
| 2 | 6 | 3 | 5 | 1 | 4 |
| 6 | 5 | 1 | 4 | 2 | 3 |
| 4 | 3 | 2 | 6 | 5 | 1 |

### Solution for Puzzle 4

| 5 | 3 | 1 | 2 | 6 | 4 |
|---|---|---|---|---|---|
| 6 | 4 | 2 | 1 | 3 | 5 |
| 4 | 1 | 6 | 3 | 5 | 2 |
| 3 | 2 | 5 | 4 | 1 | 6 |
| 1 | 5 | 4 | 6 | 2 | 3 |
| 2 | 6 | 3 | 5 | 4 | 1 |

## Solution for Puzzle 5

| 6 | 1 | 4 | 2 | 5 | 3 |
|---|---|---|---|---|---|
| 3 | 2 | 5 | 1 | 6 | 4 |
| 1 | 5 | 3 | 6 | 4 | 2 |
| 2 | 4 | 6 | 3 | 1 | 5 |
| 4 | 3 | 1 | 5 | 2 | 6 |
| 5 | 6 | 2 | 4 | 3 | 1 |

## Solution for Puzzle 6

| 4 | 5 | 1 | 3 | 2 | 6 |
|---|---|---|---|---|---|
| 3 | 2 | 6 | 4 | 1 | 5 |
| 1 | 3 | 5 | 2 | 6 | 4 |
| 6 | 4 | 2 | 5 | 3 | 1 |
| 2 | 1 | 4 | 6 | 5 | 3 |
| 5 | 6 | 3 | 1 | 4 | 2 |

## Solution for Puzzle 7

| 5 | 1 | 3 | 6 | 2 | 4 |
|---|---|---|---|---|---|
| 4 | 6 | 2 | 3 | 1 | 5 |
| 3 | 4 | 1 | 2 | 5 | 6 |
| 2 | 5 | 6 | 4 | 3 | 1 |
| 6 | 3 | 5 | 1 | 4 | 2 |
| 1 | 2 | 4 | 5 | 6 | 3 |

## Solution for Puzzle 8

| 2 | 6 | 5 | 4 | 1 | 3 |
|---|---|---|---|---|---|
| 1 | 4 | 3 | 5 | 2 | 6 |
| 3 | 2 | 4 | 6 | 5 | 1 |
| 6 | 5 | 1 | 3 | 4 | 2 |
| 5 | 3 | 2 | 1 | 6 | 4 |
| 4 | 1 | 6 | 2 | 3 | 5 |

## Solution for Puzzle 9

| 5 | 6 | 2 | 1 | 4 | 3 |
|---|---|---|---|---|---|
| 4 | 1 | 3 | 5 | 6 | 2 |
| 3 | 5 | 6 | 4 | 2 | 1 |
| 1 | 2 | 4 | 6 | 3 | 5 |
| 2 | 4 | 5 | 3 | 1 | 6 |
| 6 | 3 | 1 | 2 | 5 | 4 |

## Solution for Puzzle 10

| 1 | 3 | 5 | 4 | 2 | 6 |
|---|---|---|---|---|---|
| 6 | 4 | 2 | 1 | 5 | 3 |
| 2 | 1 | 4 | 3 | 6 | 5 |
| 5 | 6 | 3 | 2 | 1 | 4 |
| 4 | 5 | 1 | 6 | 3 | 2 |
| 3 | 2 | 6 | 5 | 4 | 1 |

## Solution for Puzzle 11

| 1 | 3 | 5 | 2 | 4 | 6 |
|---|---|---|---|---|---|
| 4 | 6 | 2 | 3 | 1 | 5 |
| 6 | 1 | 3 | 5 | 2 | 4 |
| 5 | 2 | 4 | 6 | 3 | 1 |
| 3 | 4 | 6 | 1 | 5 | 2 |
| 2 | 5 | 1 | 4 | 6 | 3 |

## Solution for Puzzle 12

| 5 | 1 | 3 | 4 | 6 | 2 |
|---|---|---|---|---|---|
| 2 | 4 | 6 | 3 | 1 | 5 |
| 4 | 5 | 1 | 2 | 3 | 6 |
| 3 | 6 | 2 | 5 | 4 | 1 |
| 1 | 2 | 4 | 6 | 5 | 3 |
| 6 | 3 | 5 | 1 | 2 | 4 |

## Solution for Puzzle 13

| 3 | 5 | 1 | 6 | 2 | 4 |
|---|---|---|---|---|---|
| 4 | 6 | 2 | 3 | 1 | 5 |
| 6 | 1 | 4 | 2 | 5 | 3 |
| 5 | 2 | 3 | 4 | 6 | 1 |
| 1 | 3 | 6 | 5 | 4 | 2 |
| 2 | 4 | 5 | 1 | 3 | 6 |

## Solution for Puzzle 14

| 4 | 5 | 2 | 3 | 1 | 6 |
|---|---|---|---|---|---|
| 3 | 6 | 1 | 2 | 4 | 5 |
| 2 | 4 | 6 | 1 | 5 | 3 |
| 5 | 1 | 3 | 4 | 6 | 2 |
| 1 | 2 | 5 | 6 | 3 | 4 |
| 6 | 3 | 4 | 5 | 2 | 1 |

## Solution for Puzzle 15

| 3 | 4 | 2 | 5 | 6 | 1 |
|---|---|---|---|---|---|
| 5 | 6 | 1 | 3 | 2 | 4 |
| 2 | 5 | 4 | 6 | 1 | 3 |
| 1 | 3 | 6 | 4 | 5 | 2 |
| 6 | 2 | 3 | 1 | 4 | 5 |
| 4 | 1 | 5 | 2 | 3 | 6 |

## Solution for Puzzle 16

| 4 | 6 | 3 | 2 | 5 | 1 |
|---|---|---|---|---|---|
| 5 | 2 | 1 | 3 | 4 | 6 |
| 2 | 3 | 4 | 6 | 1 | 5 |
| 6 | 1 | 5 | 4 | 3 | 2 |
| 3 | 5 | 6 | 1 | 2 | 4 |
| 1 | 4 | 2 | 5 | 6 | 3 |

## Solution for Puzzle 17

| 4 | 1 | 3 | 2 | 6 | 5 |
|---|---|---|---|---|---|
| 5 | 2 | 6 | 3 | 1 | 4 |
| 2 | 6 | 4 | 1 | 5 | 3 |
| 1 | 3 | 5 | 4 | 2 | 6 |
| 6 | 4 | 1 | 5 | 3 | 2 |
| 3 | 5 | 2 | 6 | 4 | 1 |

## Solution for Puzzle 18

| 2 | 5 | 1 | 6 | 4 | 3 |
|---|---|---|---|---|---|
| 6 | 3 | 4 | 5 | 1 | 2 |
| 1 | 2 | 3 | 4 | 6 | 5 |
| 4 | 6 | 5 | 3 | 2 | 1 |
| 3 | 1 | 6 | 2 | 5 | 4 |
| 5 | 4 | 2 | 1 | 3 | 6 |

## Solution for Puzzle 19

| 4 | 1 | 3 | 6 | 5 | 2 |
|---|---|---|---|---|---|
| 5 | 6 | 2 | 3 | 4 | 1 |
| 3 | 5 | 1 | 4 | 2 | 6 |
| 6 | 2 | 4 | 5 | 1 | 3 |
| 1 | 4 | 6 | 2 | 3 | 5 |
| 2 | 3 | 5 | 1 | 6 | 4 |

## Solution for Puzzle 20

| 6 | 2 | 5 | 1 | 3 | 4 |
|---|---|---|---|---|---|
| 1 | 3 | 4 | 2 | 6 | 5 |
| 3 | 5 | 2 | 4 | 1 | 6 |
| 4 | 6 | 1 | 5 | 2 | 3 |
| 2 | 4 | 6 | 3 | 5 | 1 |
| 5 | 1 | 3 | 6 | 4 | 2 |

## Solution for Puzzle 21

| 3 | 5 | 1 | 2 | 6 | 4 |
|---|---|---|---|---|---|
| 6 | 4 | 2 | 1 | 5 | 3 |
| 1 | 6 | 3 | 5 | 4 | 2 |
| 5 | 2 | 4 | 6 | 3 | 1 |
| 4 | 1 | 6 | 3 | 2 | 5 |
| 2 | 3 | 5 | 4 | 1 | 6 |

## Solution for Puzzle 22

| 2 | 1 | 5 | 4 | 3 | 6 |
|---|---|---|---|---|---|
| 3 | 4 | 6 | 5 | 2 | 1 |
| 4 | 5 | 2 | 1 | 6 | 3 |
| 1 | 6 | 3 | 2 | 5 | 4 |
| 5 | 3 | 1 | 6 | 4 | 2 |
| 6 | 2 | 4 | 3 | 1 | 5 |

## Solution for Puzzle 23

| 3 | 4 | 6 | 1 | 5 | 2 |
|---|---|---|---|---|---|
| 2 | 1 | 5 | 6 | 4 | 3 |
| 6 | 2 | 4 | 5 | 3 | 1 |
| 5 | 3 | 1 | 2 | 6 | 4 |
| 1 | 6 | 3 | 4 | 2 | 5 |
| 4 | 5 | 2 | 3 | 1 | 6 |

## Solution for Puzzle 24

| 3 | 5 | 1 | 2 | 4 | 6 |
|---|---|---|---|---|---|
| 6 | 2 | 4 | 3 | 1 | 5 |
| 1 | 3 | 6 | 5 | 2 | 4 |
| 2 | 4 | 5 | 6 | 3 | 1 |
| 4 | 6 | 3 | 1 | 5 | 2 |
| 5 | 1 | 2 | 4 | 6 | 3 |

WOULD YOU LIKE TO
TRY SOMETHING
THAT MAKES YOU
THINK HARDER?

# LEVEL Five
# Demi Soloist
# 6X6 GRiDS

Name her: _____

Would you like to colour this ballerina in?

## Puzzle 1
## 6x6 Medium

|   |   |   |   |   |   |
|---|---|---|---|---|---|
| 4 | 1 |   | 2 | 5 |   |
| 2 |   |   | 6 |   | 5 |
|   | 5 | 1 |   | 3 |   |
| 1 | 6 |   | 5 | 2 |   |
|   |   |   |   |   |   |

## Puzzle 2
## 6x6 Medium

|   |   |   |   |   |   |
|---|---|---|---|---|---|
|   | 2 | 6 | 3 | 1 |   |
|   | 4 |   | 6 |   | 1 |
| 6 |   | 3 |   | 2 |   |
|   | 6 | 2 | 1 | 5 |   |
|   |   |   |   |   |   |

## Puzzle 3
### 6x6 Medium

|   | 2 | 5 | 1 |   | 6 |
|---|---|---|---|---|---|
|   |   |   |   |   |   |
|   | 5 | 2 | 4 |   | 1 |
| 5 |   | 6 | 2 |   |   |
|   | 3 |   |   | 1 | 5 |

## Puzzle 4
### 6x6 Medium

|   |   |   |   |   |   |
|---|---|---|---|---|---|
| 1 | 5 |   | 2 | 6 |   |
| 3 |   |   | 5 |   | 6 |
|   | 2 | 5 |   | 1 |   |
| 5 | 1 |   | 6 | 4 |   |
|   |   |   |   |   |   |

## Puzzle 5
### 6x6 Medium

| 3 |   |   | 4 | 2 |   |
|---|---|---|---|---|---|
|   | 5 |   |   | 1 | 3 |
|   | 2 | 3 | 1 |   | 4 |
|   |   |   |   |   |   |
|   |   |   |   |   |   |
|   | 3 | 2 | 6 |   | 1 |

## Puzzle 6
### 6x6 Medium

|   |   | 2 |   |   | 4 |
|---|---|---|---|---|---|
|   |   |   | 2 |   |   |
| 6 |   |   |   |   |   |
|   | 4 |   |   | 3 |   |
|   |   | 1 |   |   | 5 |
|   | 5 |   |   | 1 |   |

## Puzzle 7
## 6x6 Medium

|   | 4 |   |   | 2 |   |
|---|---|---|---|---|---|
| 2 |   |   | 4 |   |   |
|   | 6 |   |   | 1 |   |
|   |   |   |   |   | 3 |
|   |   | 5 |   |   |   |
| 1 |   |   | 5 |   |   |

## Puzzle 8
## 6x6 Medium

| 5 |   |   |   |   |   |
|---|---|---|---|---|---|
|   | 4 |   | 3 |   |   |
|   |   | 6 |   | 1 |   |
|   | 1 |   | 6 |   |   |
|   |   | 2 |   | 4 |   |
|   |   |   |   |   | 2 |

## Puzzle 9
### 6x6 Medium

| 6 |   |   | 1 |   |   |
|---|---|---|---|---|---|
|   |   |   |   | 3 |   |
|   | 5 |   |   |   |   |
|   |   | 1 |   |   | 5 |
| 4 |   |   | 2 |   |   |
|   |   | 2 |   |   | 4 |

## Puzzle 10
### 6x6 Medium

| 6 |   |   | 4 | 1 |   |
|---|---|---|---|---|---|
|   | 4 | 5 |   |   | 2 |
| 5 | 1 |   |   | 4 | 6 |
|   |   |   |   |   |   |
|   |   |   |   |   |   |
| 3 | 5 |   |   | 6 | 4 |

## Puzzle 11
### 6x6 Medium

|   | 1 |   | 5 |   |   |
|---|---|---|---|---|---|
| 6 |   |   |   |   |   |
|   |   |   |   |   | 4 |
|   |   | 4 |   | 1 |   |
|   | 2 |   | 3 |   |   |
|   |   | 3 |   | 2 |   |

## Puzzle 12
### 6x6 Medium

|   |   | 3 |   | 6 |   |
|---|---|---|---|---|---|
|   | 6 |   |   |   |   |
|   |   |   | 4 |   |   |
| 2 |   |   |   |   | 3 |
|   |   | 1 |   | 5 |   |
| 5 |   |   |   |   | 1 |

## Puzzle 13
## 6x6 Hard

|   |   | 5 |   | 3 |   |
|---|---|---|---|---|---|
| 2 |   |   |   |   | 1 |
| 6 |   |   | 3 |   | 5 |
|   |   |   |   | 2 |   |
| 5 |   |   |   |   |   |
|   | 4 | 6 |   | 5 |   |

## Puzzle 14
## 6x6 Hard

| 1 |   |   |   | 2 |   |
|---|---|---|---|---|---|
|   | 4 |   |   |   | 6 |
|   |   |   |   | 5 |   |
|   |   |   | 1 | 3 |   |
|   | 6 | 2 |   |   |   |
|   | 1 |   |   |   |   |

## Puzzle 15
## 6x6 Hard

|   | 3 |   | 2 |   |   |
|---|---|---|---|---|---|
| 5 |   |   |   |   | 6 |
|   | 5 |   |   |   |   |
|   | 2 | 6 |   |   |   |
|   |   |   |   | 5 | 4 |
|   |   |   |   |   | 1 |

## Puzzle 16
## 6x6 Hard

|   |   | 1 |   |   |   |
|---|---|---|---|---|---|
| 3 |   | 5 |   |   |   |
|   |   |   | 4 | 2 |   |
|   |   |   |   | 3 |   |
|   |   | 4 |   |   | 3 |
|   | 2 |   |   | 6 |   |

## Puzzle 17
## 6x6 Hard

|   | 2 |   |   |   |   |
|---|---|---|---|---|---|
| 3 |   | 1 |   |   | 2 |
| 2 |   |   |   |   | 6 |
|   | 5 |   | 4 |   |   |
|   | 3 |   | 2 | 6 |   |
|   |   |   |   |   | 5 |

## Puzzle 18
## 6x6 Hard

|   | 3 |   | 5 |   | 2 |
|---|---|---|---|---|---|
|   |   |   |   | 4 |   |
|   | 2 |   |   |   |   |
| 3 |   | 6 |   | 2 |   |
| 2 |   |   |   | 5 |   |
|   | 4 |   |   |   | 1 |

## Puzzle 19
### 6x6 Hard

| 4 |   |   |   | 6 |   |
|---|---|---|---|---|---|
|   |   | 1 | 2 |   |   |
| 1 |   |   |   |   |   |
| 6 | 2 |   |   |   |   |
|   |   |   | 3 |   | 1 |
|   |   |   | 5 |   |   |

## Puzzle 20
### 6x6 Hard

| 4 |   |   |   | 2 |   |
|---|---|---|---|---|---|
|   | 1 |   |   |   | 6 |
|   | 5 |   | 2 |   | 4 |
|   |   |   |   | 1 |   |
|   | 4 |   |   |   |   |
| 5 |   | 3 |   | 4 |   |

## Puzzle 21
### 6x6 Hard

| 5 |   |   |   |   | 1 |
|---|---|---|---|---|---|
|   |   | 2 |   | 3 |   |
| 2 |   |   |   |   |   |
| 1 | 3 |   |   |   |   |
|   |   |   | 2 | 4 |   |
|   |   |   |   | 6 |   |

## Puzzle 22
### 6x6 Hard

| 4 |   | 6 |   | 1 |   |
|---|---|---|---|---|---|
|   | 5 |   |   |   |   |
|   |   |   |   | 4 |   |
|   | 4 |   | 3 |   | 1 |
|   | 6 |   |   |   | 4 |
| 2 |   |   |   | 5 |   |

## Puzzle 23
## 6x6 Hard

|   |   |   | 1 |   |   |
|---|---|---|---|---|---|
|   |   |   | 5 |   | 3 |
| 4 |   | 2 |   |   |   |
|   |   | 3 |   |   |   |
|   | 3 |   | 4 |   |   |
|   |   | 6 |   | 2 |   |

## Puzzle 24
## 6x6 Hard

|   |   | 2 | 3 |   |   |
|---|---|---|---|---|---|
| 4 |   |   |   | 6 |   |
|   |   |   | 6 |   |   |
|   |   |   | 2 |   | 4 |
| 5 | 6 |   |   |   |   |
| 1 |   |   |   |   |   |

# Answers – Level Five

## Solution for Puzzle 1

| 3 | 2 | 5 | 1 | 4 | 6 |
|---|---|---|---|---|---|
| 4 | 1 | 6 | 2 | 5 | 3 |
| 2 | 3 | 4 | 6 | 1 | 5 |
| 6 | 5 | 1 | 4 | 3 | 2 |
| 1 | 6 | 3 | 5 | 2 | 4 |
| 5 | 4 | 2 | 3 | 6 | 1 |

## Solution for Puzzle 2

| 1 | 3 | 4 | 5 | 6 | 2 |
|---|---|---|---|---|---|
| 5 | 2 | 6 | 3 | 1 | 4 |
| 2 | 4 | 5 | 6 | 3 | 1 |
| 6 | 1 | 3 | 4 | 2 | 5 |
| 4 | 6 | 2 | 1 | 5 | 3 |
| 3 | 5 | 1 | 2 | 4 | 6 |

## Solution for Puzzle 3

| 4 | 2 | 5 | 1 | 3 | 6 |
|---|---|---|---|---|---|
| 1 | 6 | 3 | 5 | 2 | 4 |
| 6 | 4 | 1 | 3 | 5 | 2 |
| 3 | 5 | 2 | 4 | 6 | 1 |
| 5 | 1 | 6 | 2 | 4 | 3 |
| 2 | 3 | 4 | 6 | 1 | 5 |

## Solution for Puzzle 4

| 2 | 3 | 6 | 4 | 5 | 1 |
|---|---|---|---|---|---|
| 1 | 5 | 4 | 2 | 6 | 3 |
| 3 | 4 | 1 | 5 | 2 | 6 |
| 6 | 2 | 5 | 3 | 1 | 4 |
| 5 | 1 | 3 | 6 | 4 | 2 |
| 4 | 6 | 2 | 1 | 3 | 5 |

## Solution for Puzzle 5

| 3 | 1 | 4 | 2 | 6 | 5 |
|---|---|---|---|---|---|
| 2 | 5 | 6 | 4 | 1 | 3 |
| 6 | 2 | 3 | 1 | 5 | 4 |
| 1 | 4 | 5 | 3 | 2 | 6 |
| 4 | 6 | 1 | 5 | 3 | 2 |
| 5 | 3 | 2 | 6 | 4 | 1 |

## Solution for Puzzle 6

| 5 | 3 | 2 | 1 | 6 | 4 |
|---|---|---|---|---|---|
| 4 | 1 | 6 | 2 | 5 | 3 |
| 6 | 2 | 3 | 5 | 4 | 1 |
| 1 | 4 | 5 | 6 | 3 | 2 |
| 3 | 6 | 1 | 4 | 2 | 5 |
| 2 | 5 | 4 | 3 | 1 | 6 |

## Solution for Puzzle 7

| 3 | 4 | 6 | 1 | 2 | 5 |
|---|---|---|---|---|---|
| 2 | 5 | 1 | 4 | 3 | 6 |
| 5 | 6 | 3 | 2 | 1 | 4 |
| 4 | 1 | 2 | 6 | 5 | 3 |
| 6 | 2 | 5 | 3 | 4 | 1 |
| 1 | 3 | 4 | 5 | 6 | 2 |

## Solution for Puzzle 8

| 5 | 2 | 3 | 4 | 6 | 1 |
|---|---|---|---|---|---|
| 6 | 4 | 1 | 3 | 2 | 5 |
| 3 | 5 | 6 | 2 | 1 | 4 |
| 2 | 1 | 4 | 6 | 5 | 3 |
| 1 | 3 | 2 | 5 | 4 | 6 |
| 4 | 6 | 5 | 1 | 3 | 2 |

## Solution for Puzzle 9

| 6 | 3 | 5 | 1 | 4 | 2 |
|---|---|---|---|---|---|
| 1 | 2 | 4 | 5 | 3 | 6 |
| 2 | 5 | 6 | 4 | 1 | 3 |
| 3 | 4 | 1 | 6 | 2 | 5 |
| 4 | 6 | 3 | 2 | 5 | 1 |
| 5 | 1 | 2 | 3 | 6 | 4 |

## Solution for Puzzle 10

| 6 | 2 | 3 | 4 | 1 | 5 |
|---|---|---|---|---|---|
| 1 | 4 | 5 | 6 | 3 | 2 |
| 5 | 1 | 2 | 3 | 4 | 6 |
| 4 | 3 | 6 | 5 | 2 | 1 |
| 2 | 6 | 4 | 1 | 5 | 3 |
| 3 | 5 | 1 | 2 | 6 | 4 |

## Solution for Puzzle 11

| 3 | 1 | 2 | 5 | 4 | 6 |
|---|---|---|---|---|---|
| 6 | 4 | 5 | 1 | 3 | 2 |
| 1 | 3 | 6 | 2 | 5 | 4 |
| 2 | 5 | 4 | 6 | 1 | 3 |
| 4 | 2 | 1 | 3 | 6 | 5 |
| 5 | 6 | 3 | 4 | 2 | 1 |

## Solution for Puzzle 12

| 4 | 5 | 3 | 1 | 6 | 2 |
|---|---|---|---|---|---|
| 1 | 6 | 2 | 3 | 4 | 5 |
| 3 | 1 | 5 | 4 | 2 | 6 |
| 2 | 4 | 6 | 5 | 1 | 3 |
| 6 | 3 | 1 | 2 | 5 | 4 |
| 5 | 2 | 4 | 6 | 3 | 1 |

## Solution for Puzzle 13

| 4 | 1 | 5 | 6 | 3 | 2 |
|---|---|---|---|---|---|
| 2 | 6 | 3 | 5 | 4 | 1 |
| 6 | 2 | 4 | 3 | 1 | 5 |
| 3 | 5 | 1 | 4 | 2 | 6 |
| 5 | 3 | 2 | 1 | 6 | 4 |
| 1 | 4 | 6 | 2 | 5 | 3 |

## Solution for Puzzle 14

| 1 | 5 | 6 | 4 | 2 | 3 |
|---|---|---|---|---|---|
| 2 | 4 | 3 | 5 | 1 | 6 |
| 4 | 3 | 1 | 6 | 5 | 2 |
| 6 | 2 | 5 | 1 | 3 | 4 |
| 5 | 6 | 2 | 3 | 4 | 1 |
| 3 | 1 | 4 | 2 | 6 | 5 |

## Solution for Puzzle 15

| 6 | 3 | 4 | 2 | 1 | 5 |
|---|---|---|---|---|---|
| 5 | 1 | 2 | 4 | 3 | 6 |
| 4 | 5 | 3 | 1 | 6 | 2 |
| 1 | 2 | 6 | 5 | 4 | 3 |
| 2 | 6 | 1 | 3 | 5 | 4 |
| 3 | 4 | 5 | 6 | 2 | 1 |

## Solution for Puzzle 16

| 2 | 4 | 1 | 3 | 5 | 6 |
|---|---|---|---|---|---|
| 3 | 6 | 5 | 1 | 4 | 2 |
| 5 | 3 | 6 | 4 | 2 | 1 |
| 4 | 1 | 2 | 6 | 3 | 5 |
| 6 | 5 | 4 | 2 | 1 | 3 |
| 1 | 2 | 3 | 5 | 6 | 4 |

## Solution for Puzzle 17

| 5 | 2 | 6 | 1 | 4 | 3 |
|---|---|---|---|---|---|
| 3 | 4 | 1 | 6 | 5 | 2 |
| 2 | 1 | 4 | 5 | 3 | 6 |
| 6 | 5 | 3 | 4 | 2 | 1 |
| 1 | 3 | 5 | 2 | 6 | 4 |
| 4 | 6 | 2 | 3 | 1 | 5 |

## Solution for Puzzle 18

| 6 | 3 | 4 | 5 | 1 | 2 |
|---|---|---|---|---|---|
| 1 | 5 | 2 | 6 | 4 | 3 |
| 4 | 2 | 5 | 1 | 3 | 6 |
| 3 | 1 | 6 | 4 | 2 | 5 |
| 2 | 6 | 1 | 3 | 5 | 4 |
| 5 | 4 | 3 | 2 | 6 | 1 |

## Solution for Puzzle 19

| 4 | 3 | 2 | 1 | 6 | 5 |
|---|---|---|---|---|---|
| 5 | 6 | 1 | 2 | 3 | 4 |
| 1 | 4 | 3 | 6 | 5 | 2 |
| 6 | 2 | 5 | 4 | 1 | 3 |
| 2 | 5 | 6 | 3 | 4 | 1 |
| 3 | 1 | 4 | 5 | 2 | 6 |

## Solution for Puzzle 20

| 4 | 3 | 6 | 5 | 2 | 1 |
|---|---|---|---|---|---|
| 2 | 1 | 5 | 4 | 3 | 6 |
| 3 | 5 | 1 | 2 | 6 | 4 |
| 6 | 2 | 4 | 3 | 1 | 5 |
| 1 | 4 | 2 | 6 | 5 | 3 |
| 5 | 6 | 3 | 1 | 4 | 2 |

## Solution for Puzzle 21

| 5 | 4 | 3 | 6 | 2 | 1 |
|---|---|---|---|---|---|
| 6 | 1 | 2 | 5 | 3 | 4 |
| 2 | 5 | 4 | 3 | 1 | 6 |
| 1 | 3 | 6 | 4 | 5 | 2 |
| 3 | 6 | 1 | 2 | 4 | 5 |
| 4 | 2 | 5 | 1 | 6 | 3 |

## Solution for Puzzle 22

| 4 | 2 | 6 | 5 | 1 | 3 |
|---|---|---|---|---|---|
| 1 | 5 | 3 | 4 | 6 | 2 |
| 3 | 1 | 2 | 6 | 4 | 5 |
| 6 | 4 | 5 | 3 | 2 | 1 |
| 5 | 6 | 1 | 2 | 3 | 4 |
| 2 | 3 | 4 | 1 | 5 | 6 |

## Solution for Puzzle 23

| 3 | 6 | 5 | 1 | 4 | 2 |
|---|---|---|---|---|---|
| 1 | 2 | 4 | 5 | 6 | 3 |
| 4 | 1 | 2 | 6 | 3 | 5 |
| 6 | 5 | 3 | 2 | 1 | 4 |
| 2 | 3 | 1 | 4 | 5 | 6 |
| 5 | 4 | 6 | 3 | 2 | 1 |

## Solution for Puzzle 24

| 6 | 1 | 2 | 3 | 4 | 5 |
|---|---|---|---|---|---|
| 4 | 3 | 5 | 1 | 6 | 2 |
| 2 | 4 | 1 | 6 | 5 | 3 |
| 3 | 5 | 6 | 2 | 1 | 4 |
| 5 | 6 | 3 | 4 | 2 | 1 |
| 1 | 2 | 4 | 5 | 3 | 6 |

WOULD YOU LIKE TO TRY SOMETHING THAT MAKES YOUR BRAIN WORK REALLY HARD?

You have worked hard to get here
– well done!
This next section contains
9x9 Grids.
This is where a lot of adults begin
learning how to do Sudoku puzzles.
You have the advantage of building
up to this level – so you can do
this!
Don't forget to colour the
pictures too.

## 9x9 GRIDS

| Row 1 | | 5 | 3 | 4 | | 1 | | 2 | Top |
|---|---|---|---|---|---|---|---|---|---|
| | | | 4 | 8 | | 1 | | | Middle |
| Row 3 | 2 | *1* | 8 | | | | 3 | 9 | Bottom |
| | | 9 | 1 | | 4 | | | 8 | |
| | | 8 | | | 9 | | 6 | 5 | |
| A *row* is a straight line across | 5 | | | 6 | | 2 | | 1 | |
| | 3 | | | 2 | | 8 | 9 | | A *block* contains 9 *cells*, numbered 1–9 |
| | | | 9 | 4 | 6 | | | 5 | |
| | 8 | 4 | 7 | | 1 | | 3 | 6 | |

A *column* is a straight line down

There are 9 blocks, 9 rows and 9 columns in this puzzle. You can only use the numbers 1 - 9 once in each row, column or block.

Instead of looking block by block, try looking at the whole **grid**. The majority of 9X9 GRID players begin by looking for numbers that appear often in the puzzle. *(if you want a real challenge cover the answer grid on the next page, but it is okay to peek if you need to.)*

Use a pencil. Now, you may notice **a lot of 1's**. Look in each 3 x 3 block for the number 1. Can you see other places where there is also a number 1? Start looking for the number 1 in all the rows and columns. These can help you find where to put other 1's.

As there is already a 1 in rows 1 and 2, then there can be no other number 1 s in either of those 2 rows. So, the missing 1 must be placed in row 3. Can you see a space that is a **certainty?** It is the **only** place that number 1 can fit. I have filled it in for you.

This technique is called *'cross-hatching'*.

Continue scanning for numbers that jump out at you. in this example, now look for the number 2. Write in any *certainties*. After each number is written in, check the grid again and do another search. Go again with the numbers 3,4,5,6,7,8,9.

When you have used the 'certainty' technique to the full, then you can start looking for *candidates* for the blank cells you have left. (Possible numbers)

This is usually done by a process of elimination – saying to yourself "What COULD go here?".

Look at **column** 1 row 3 for the number 2. There is no 2 in the grid below or the grid below that one. You could write a tiny number 2 to the side of any the cell that 2 could go in (in pencil). BUT – there is a clue here which makes the 2 a certainty. Look in column six, sixth row. There is a 2 there. This means 2 cannot go in row 6, so it must go in row 5, column 3. Yay! You can pencil in a large 2.

Continue checking all the rows and columns. Where you do not find a certainty, write candidates in small numbers, lightly, with your pencil. You will erase some of them later.

Look for other clues like 2 missing numbers in a row, column or block. You may be able to fill them in. Count from 1 – 9: you may find the missing numbers. Keep going until all the cells are filled.

Cover the solution until you have tried to solve the puzzle by yourself. A sneak peak is okay! Have fun.

| 7 | 5 | 6 | 3 | 4 | 9 | 1 | 8 | 2 |
|---|---|---|---|---|---|---|---|---|
| 9 | 3 | 4 | 8 | 2 | 1 | 5 | 6 | 7 |
| 2 | 1 | 8 | 7 | 5 | 6 | 3 | 9 | 4 |
| 6 | 9 | 1 | 5 | 3 | 4 | 7 | 2 | 8 |
| 4 | 8 | 2 | 1 | 9 | 7 | 6 | 5 | 3 |
| 5 | 7 | 3 | 6 | 8 | 2 | 4 | 1 | 9 |
| 3 | 6 | 5 | 2 | 7 | 8 | 9 | 4 | 1 |
| 1 | 2 | 9 | 4 | 6 | 3 | 8 | 7 | 5 |
| 8 | 4 | 7 | 9 | 1 | 5 | 2 | 3 | 6 |

# LEVEL Six
# Soloist
# 9X9 GRiDS

Name her: _____

Would you like to colour this ballerina in?

## Puzzle 1
## Very Easy

Cross through each number as you find them all.

| 8 |   | 6 | 5 |   | 1 |   | 9 | 4 |
|---|---|---|---|---|---|---|---|---|
|   | 5 |   | 9 |   | 3 |   |   |   |
|   | 3 | 7 |   |   |   | 5 |   | 1 |
| 6 |   | 9 |   |   | 8 | 2 | 5 |   |
|   |   | 5 | 7 |   |   |   | 4 |   |
|   | 7 |   |   | 5 | 4 |   |   | 9 |
| 2 | 9 |   |   | 6 | 7 |   |   |   |
| 7 |   |   |   | 3 |   |   | 8 | 2 |
|   |   | 8 |   | 4 | 9 | 6 |   | 3 |

1 2 3 4 5 6 7 8 9

## Puzzle 2
### Very Easy

|   | 1 | 2 | 3 | 4 | 5 | 6 | 7 | 8 | 9 |
|---|---|---|---|---|---|---|---|---|---|
| 1 | 5 |   | 8 |   |   | 3 | 1 |   |   |
| 2 | 3 |   | 9 | 1 |   |   |   |   | 5 |
| 3 |   |   |   | 2 |   | 9 |   | 6 | 3 |
| 4 | 2 |   | 6 | 4 | 3 |   | 5 |   | 7 |
| 5 | 7 | 5 |   | 6 | 1 |   | 3 |   |   |
| 6 | 1 |   | 3 |   |   |   |   | 2 |   |
| 7 | 8 |   |   |   | 6 | 4 |   |   | 1 |
| 8 |   | 4 |   |   | 9 |   | 2 | 5 |   |
| 9 | 9 |   | 5 |   |   | 1 | 4 | 7 |   |

## Puzzle 3
## Very Easy

| 4 |   | 5 |   |   | 3 |   | 6 | 9 |
|---|---|---|---|---|---|---|---|---|
|   |   | 8 |   | 4 |   |   |   | 7 |
| 2 |   |   | 6 | 7 |   |   | 3 |   |
| 1 | 4 |   |   | 8 |   |   | 2 |   |
|   | 3 |   |   |   | 1 | 7 |   | 5 |
|   |   | 2 | 7 | 3 |   |   | 8 | 1 |
| 5 | 8 | 6 |   |   | 7 |   |   |   |
|   | 1 | 3 |   | 2 | 6 | 5 | 9 |   |
|   |   |   | 1 |   |   | 3 | 7 |   |

1
2
3
4
5
6
7
8
9

## Puzzle 4
## Very Easy

|   | 1 | 2 | 3 | 4 | 5 | 6 | 7 | 8 | 9 |
|---|---|---|---|---|---|---|---|---|---|
| 1 |   | 3 | 9 | 2 |   | 1 |   | 6 |   |
| 2 |   |   | 2 | 6 | 8 |   | 5 |   |   |
| 3 |   | 8 |   |   | 3 |   |   | 1 | 2 |
| 4 | 3 | 2 |   | 5 | 4 |   |   |   | 8 |
| 5 |   |   | 7 |   | 2 |   | 3 |   | 5 |
| 6 | 1 |   |   |   | 3 | 9 |   | 7 |   |
| 7 | 9 |   | 8 |   |   | 5 | 6 |   |   |
| 8 | 5 |   |   |   | 9 |   | 7 | 8 |   |
| 9 |   |   | 1 | 7 | 6 |   |   |   | 3 |

# Puzzle 5
# Very Easy

| 5 |   | 6 | 7 |   | 3 | 9 |   | 2 |
|---|---|---|---|---|---|---|---|---|
|   |   |   |   | 9 |   | 8 |   | 5 |
| 8 |   | 2 | 5 |   |   | 3 | 7 |   |
|   |   | 8 |   |   | 7 | 5 |   | 1 |
|   | 5 |   | 8 |   |   | 7 |   | 4 |
|   | 1 | 9 |   | 2 | 5 |   |   |   |
|   | 8 |   | 6 | 3 |   | 1 |   | 7 |
| 1 |   |   | 9 | 7 |   |   | 6 |   |
| 2 | 6 |   |   |   | 8 | 4 |   |   |

1 2 3 4 5 6 7 8 9

## Puzzle 6
## Very Easy

|   | 1 | 2 | 3 | 4 | 5 | 6 | 7 | 8 | 9 |
|---|---|---|---|---|---|---|---|---|---|
| 1 | 5 |   | 8 |   |   | 3 | 1 |   |   |
| 2 |   |   |   | 2 |   | 9 |   | 6 | 3 |
| 3 | 3 |   | 9 | 1 |   |   |   |   | 5 |
| 4 |   | 4 |   |   | 9 |   | 2 | 5 |   |
| 5 | 8 |   |   |   | 6 | 4 |   |   | 1 |
| 6 | 9 |   | 5 |   |   | 1 | 4 | 7 |   |
| 7 | 1 |   | 3 |   |   |   |   | 2 |   |
| 8 | 7 | 5 |   | 6 | 1 |   | 3 |   |   |
| 9 | 2 |   | 6 | 4 | 3 |   | 5 |   | 7 |

## Puzzle 7
## Very Easy

| 7 |   |   | 5 |   |   | 4 | 8 | 6 |
|---|---|---|---|---|---|---|---|---|
| 1 | 5 |   | 4 |   | 2 | 9 |   |   |
|   |   | 6 |   |   | 3 |   |   | 1 |
|   |   | 4 | 6 | 2 |   |   |   | 3 |
| 5 | 8 |   | 3 |   |   | 6 | 9 |   |
| 2 |   |   |   | 8 | 9 |   | 5 |   |
| 3 |   | 5 | 7 |   | 8 |   |   |   |
|   |   |   |   |   |   | 3 | 7 |   |
| 8 | 2 |   | 9 |   | 6 |   | 4 | 5 |

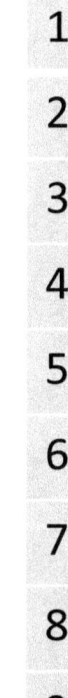

## Puzzle 8
## Very Easy

|   | 1 | 2 | 3 | 4 | 5 | 6 | 7 | 8 | 9 |
|---|---|---|---|---|---|---|---|---|---|
| 1 |   |   | 9 | 1 |   |   |   |   | 2 |
| 2 | 4 |   |   |   |   | 7 |   | 1 |   |
| 3 | 1 | 7 |   | 8 |   | 4 | 3 | 6 |   |
| 4 |   |   | 8 |   |   | 1 | 2 |   | 6 |
| 5 | 5 | 1 |   |   | 3 | 9 | 4 |   |   |
| 6 | 2 |   |   |   | 8 |   | 9 | 5 |   |
| 7 |   | 5 |   | 4 |   | 2 |   | 7 | 8 |
| 8 |   | 4 | 7 |   |   |   |   |   |   |
| 9 | 8 |   | 2 | 3 |   | 5 | 1 | 9 |   |

## Puzzle 9
## Very Easy

| 1 |   |   |   | 4 | 5 | 2 |   | 7 |
|---|---|---|---|---|---|---|---|---|
|   |   | 8 |   |   |   |   | 1 |   |
| 5 | 4 |   |   | 1 | 7 | 6 | 3 | 9 |
| 3 |   | 1 | 2 |   |   |   |   | 6 |
| 8 |   | 6 |   | 9 |   | 1 | 7 |   |
|   | 9 |   | 7 |   | 1 | 3 |   |   |
|   | 2 | 5 |   |   |   | 7 | 9 |   |
|   |   | 6 |   | 9 | 8 | 2 |   |   |
| 9 | 8 |   | 5 | 7 |   |   |   |   |

Puzzle 10
Very Easy

|   | 1 | 2 | 3 | 4 | 5 | 6 | 7 | 8 | 9 |
|---|---|---|---|---|---|---|---|---|---|
| 1 |   | 6 | 8 | 5 |   |   | 2 |   |   |
| 2 | 9 | 2 |   |   | 6 |   | 1 |   | 3 |
| 3 | 3 |   |   |   | 9 | 2 |   |   | 8 |
| 4 |   | 7 | 6 |   |   | 3 | 9 |   |   |
| 5 |   |   | 1 | 7 | 8 |   |   | 5 |   |
| 6 | 5 |   |   | 6 |   |   | 8 | 1 |   |
| 7 | 1 |   | 3 |   | 7 |   |   | 9 |   |
| 8 |   |   | 2 | 3 |   | 5 | 7 |   |   |
| 9 |   | 5 | 4 |   |   | 8 |   | 3 | 2 |

## Puzzle 11
## Very Easy

|   | 7 |   |   |   |   |   | 3 | 9 |
|---|---|---|---|---|---|---|---|---|
|   |   | 3 | 4 | 6 | 2 |   |   |   |
| 8 |   | 2 | 7 |   | 9 | 1 | 6 |   |
| 5 |   |   |   |   | 4 |   |   | 3 |
| 3 | 2 |   |   | 8 |   | 9 |   |   |
|   |   | 9 |   | 5 | 6 | 2 |   | 1 |
|   |   | 7 | 9 |   |   |   | 3 | 6 |
| 9 | 3 |   |   |   | 8 | 4 |   | 7 |
| 4 |   |   | 5 | 7 |   | 8 |   |   |

1 2 3 4 5 6 7 8 9

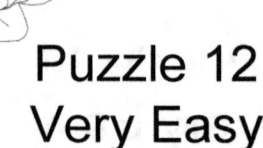

## Puzzle 12
## Very Easy

|   | | | | | | | | | |
|---|---|---|---|---|---|---|---|---|---|
| 1 | 7 | 9 |   |   |   |   | 4 | 5 |   |
| 2 |   |   |   | 4 | 7 |   |   | 3 | 6 |
| 3 | 6 | 4 |   |   | 9 | 3 |   |   |   |
| 4 |   | 8 |   |   |   | 7 |   |   |   |
| 5 | 5 | 1 | 4 | 3 | 2 |   | 6 |   | 8 |
| 6 | 9 |   | 6 | 8 |   |   | 3 |   | 2 |
| 7 | 1 |   |   |   | 4 |   | 8 | 6 |   |
| 8 |   |   | 5 | 1 |   | 8 |   | 9 |   |
| 9 | 8 | 6 |   | 7 |   | 5 |   |   | 4 |

# Answers – Level Six

## Solution for Puzzle 1

| 8 | 2 | 6 | 5 | 7 | 1 | 3 | 9 | 4 |
|---|---|---|---|---|---|---|---|---|
| 4 | 5 | 1 | 9 | 2 | 3 | 7 | 6 | 8 |
| 9 | 3 | 7 | 4 | 8 | 6 | 5 | 2 | 1 |
| 6 | 4 | 9 | 3 | 1 | 8 | 2 | 5 | 7 |
| 3 | 8 | 5 | 7 | 9 | 2 | 1 | 4 | 6 |
| 1 | 7 | 2 | 6 | 5 | 4 | 8 | 3 | 9 |
| 2 | 9 | 3 | 8 | 6 | 7 | 4 | 1 | 5 |
| 7 | 6 | 4 | 1 | 3 | 5 | 9 | 8 | 2 |
| 5 | 1 | 8 | 2 | 4 | 9 | 6 | 7 | 3 |

## Solution for Puzzle 2

| 5 | 6 | 8 | 7 | 4 | 3 | 1 | 9 | 2 |
|---|---|---|---|---|---|---|---|---|
| 3 | 2 | 9 | 1 | 8 | 6 | 7 | 4 | 5 |
| 4 | 1 | 7 | 2 | 5 | 9 | 8 | 6 | 3 |
| 2 | 9 | 6 | 4 | 3 | 8 | 5 | 1 | 7 |
| 7 | 5 | 4 | 6 | 1 | 2 | 3 | 8 | 9 |
| 1 | 8 | 3 | 9 | 7 | 5 | 6 | 2 | 4 |
| 8 | 7 | 2 | 5 | 6 | 4 | 9 | 3 | 1 |
| 6 | 4 | 1 | 3 | 9 | 7 | 2 | 5 | 8 |
| 9 | 3 | 5 | 8 | 2 | 1 | 4 | 7 | 6 |

## Solution for Puzzle 3

| 4 | 7 | 5 | 8 | 1 | 3 | 2 | 6 | 9 |
|---|---|---|---|---|---|---|---|---|
| 3 | 6 | 8 | 9 | 4 | 2 | 1 | 5 | 7 |
| 2 | 9 | 1 | 6 | 7 | 5 | 8 | 3 | 4 |
| 1 | 4 | 7 | 5 | 8 | 9 | 6 | 2 | 3 |
| 8 | 3 | 9 | 2 | 6 | 1 | 7 | 4 | 5 |
| 6 | 5 | 2 | 7 | 3 | 4 | 9 | 8 | 1 |
| 5 | 8 | 6 | 3 | 9 | 7 | 4 | 1 | 2 |
| 7 | 1 | 3 | 4 | 2 | 6 | 5 | 9 | 8 |
| 9 | 2 | 4 | 1 | 5 | 8 | 3 | 7 | 6 |

## Solution for Puzzle 4

| 4 | 3 | 9 | 2 | 5 | 1 | 8 | 6 | 7 |
|---|---|---|---|---|---|---|---|---|
| 7 | 1 | 2 | 6 | 8 | 4 | 5 | 3 | 9 |
| 6 | 8 | 5 | 9 | 7 | 3 | 4 | 1 | 2 |
| 3 | 2 | 6 | 5 | 4 | 7 | 1 | 9 | 8 |
| 8 | 9 | 7 | 1 | 2 | 6 | 3 | 4 | 5 |
| 1 | 5 | 4 | 8 | 3 | 9 | 2 | 7 | 6 |
| 9 | 7 | 8 | 3 | 1 | 5 | 6 | 2 | 4 |
| 3 | 6 | 3 | 4 | 9 | 2 | 7 | 8 | 1 |
| 2 | 4 | 1 | 7 | 6 | 8 | 9 | 5 | 3 |

## Solution for Puzzle 5

| 5 | 4 | 6 | 7 | 8 | 3 | 9 | 1 | 2 |
|---|---|---|---|---|---|---|---|---|
| 3 | 7 | 1 | 2 | 9 | 6 | 8 | 4 | 5 |
| 8 | 9 | 2 | 5 | 4 | 1 | 3 | 7 | 6 |
| 4 | 2 | 8 | 3 | 6 | 7 | 5 | 9 | 1 |
| 6 | 5 | 3 | 8 | 1 | 9 | 7 | 2 | 4 |
| 7 | 1 | 9 | 4 | 2 | 5 | 6 | 8 | 3 |
| 9 | 8 | 4 | 6 | 3 | 2 | 1 | 5 | 7 |
| 1 | 3 | 5 | 9 | 7 | 4 | 2 | 6 | 8 |
| 2 | 6 | 7 | 1 | 5 | 8 | 4 | 3 | 9 |

## Solution for Puzzle 6

| 5 | 6 | 8 | 7 | 4 | 3 | 1 | 9 | 2 |
|---|---|---|---|---|---|---|---|---|
| 4 | 1 | 7 | 2 | 5 | 9 | 8 | 6 | 3 |
| 3 | 2 | 9 | 1 | 8 | 6 | 7 | 4 | 5 |
| 6 | 4 | 1 | 3 | 9 | 7 | 2 | 5 | 8 |
| 8 | 7 | 2 | 5 | 6 | 4 | 9 | 3 | 1 |
| 9 | 3 | 5 | 8 | 2 | 1 | 4 | 7 | 6 |
| 1 | 8 | 3 | 9 | 7 | 5 | 6 | 2 | 4 |
| 7 | 5 | 4 | 6 | 1 | 2 | 3 | 8 | 9 |
| 2 | 9 | 6 | 4 | 3 | 8 | 5 | 1 | 7 |

## Solution for Puzzle 7

| 7 | 3 | 2 | 5 | 9 | 1 | 4 | 8 | 6 |
|---|---|---|---|---|---|---|---|---|
| 1 | 5 | 8 | 4 | 6 | 2 | 9 | 3 | 7 |
| 4 | 9 | 6 | 8 | 7 | 3 | 5 | 2 | 1 |
| 9 | 7 | 4 | 6 | 2 | 5 | 8 | 1 | 3 |
| 5 | 8 | 1 | 3 | 4 | 7 | 6 | 9 | 2 |
| 2 | 6 | 3 | 1 | 8 | 9 | 7 | 5 | 4 |
| 3 | 4 | 5 | 7 | 1 | 8 | 2 | 6 | 9 |
| 6 | 1 | 9 | 2 | 5 | 4 | 3 | 7 | 8 |
| 8 | 2 | 7 | 9 | 3 | 6 | 1 | 4 | 5 |

## Solution for Puzzle 8

| 6 | 8 | 9 | 1 | 5 | 3 | 7 | 4 | 2 |
|---|---|---|---|---|---|---|---|---|
| 4 | 2 | 3 | 9 | 6 | 7 | 8 | 1 | 5 |
| 1 | 7 | 5 | 8 | 2 | 4 | 3 | 6 | 9 |
| 7 | 9 | 8 | 5 | 4 | 1 | 2 | 3 | 6 |
| 5 | 1 | 6 | 2 | 3 | 9 | 4 | 8 | 7 |
| 2 | 3 | 4 | 7 | 8 | 6 | 9 | 5 | 1 |
| 3 | 5 | 1 | 4 | 9 | 2 | 6 | 7 | 8 |
| 9 | 4 | 7 | 6 | 1 | 8 | 5 | 2 | 3 |
| 8 | 6 | 2 | 3 | 7 | 5 | 1 | 9 | 4 |

## Solution for Puzzle 9

| 1 | 6 | 9 | 3 | 4 | 5 | 2 | 8 | 7 |
|---|---|---|---|---|---|---|---|---|
| 7 | 3 | 8 | 9 | 2 | 6 | 5 | 1 | 4 |
| 5 | 4 | 2 | 8 | 1 | 7 | 6 | 3 | 9 |
| 3 | 7 | 1 | 2 | 5 | 8 | 9 | 4 | 6 |
| 8 | 5 | 6 | 4 | 9 | 3 | 1 | 7 | 2 |
| 2 | 9 | 4 | 7 | 6 | 1 | 3 | 5 | 8 |
| 6 | 2 | 5 | 1 | 8 | 4 | 7 | 9 | 3 |
| 4 | 1 | 7 | 6 | 3 | 9 | 8 | 2 | 5 |
| 9 | 8 | 3 | 5 | 7 | 2 | 4 | 6 | 1 |

## Solution for Puzzle 10

| 4 | 6 | 8 | 5 | 3 | 1 | 2 | 7 | 9 |
|---|---|---|---|---|---|---|---|---|
| 9 | 2 | 5 | 8 | 6 | 7 | 1 | 4 | 3 |
| 3 | 1 | 7 | 4 | 9 | 2 | 5 | 6 | 8 |
| 8 | 7 | 6 | 1 | 5 | 3 | 9 | 2 | 4 |
| 2 | 4 | 1 | 7 | 8 | 9 | 3 | 3 | 6 |
| 5 | 3 | 9 | 6 | 2 | 4 | 8 | 1 | 7 |
| 1 | 8 | 3 | 2 | 7 | 6 | 4 | 9 | 5 |
| 6 | 9 | 2 | 3 | 4 | 5 | 7 | 8 | 1 |
| 7 | 5 | 4 | 9 | 1 | 8 | 6 | 3 | 2 |

## Solution for Puzzle 11

| 6 | 7 | 4 | 8 | 1 | 5 | 3 | 9 | 2 |
|---|---|---|---|---|---|---|---|---|
| 1 | 9 | 3 | 4 | 6 | 2 | 7 | 5 | 8 |
| 8 | 5 | 2 | 7 | 3 | 9 | 1 | 6 | 4 |
| 5 | 1 | 8 | 2 | 9 | 4 | 6 | 7 | 3 |
| 3 | 2 | 6 | 1 | 8 | 7 | 9 | 4 | 5 |
| 7 | 4 | 9 | 3 | 5 | 6 | 2 | 8 | 1 |
| 2 | 8 | 7 | 9 | 4 | 1 | 5 | 3 | 6 |
| 9 | 3 | 5 | 6 | 2 | 8 | 4 | 1 | 7 |
| 4 | 6 | 1 | 5 | 7 | 3 | 8 | 2 | 9 |

## Solution for Puzzle 12

| 7 | 9 | 3 | 2 | 8 | 6 | 4 | 5 | 1 |
|---|---|---|---|---|---|---|---|---|
| 2 | 5 | 8 | 4 | 7 | 1 | 9 | 3 | 6 |
| 6 | 4 | 1 | 5 | 9 | 3 | 2 | 8 | 7 |
| 3 | 8 | 2 | 6 | 1 | 7 | 5 | 4 | 9 |
| 5 | 1 | 4 | 3 | 2 | 9 | 6 | 7 | 8 |
| 9 | 7 | 6 | 8 | 5 | 4 | 3 | 1 | 2 |
| 1 | 3 | 7 | 9 | 4 | 2 | 8 | 6 | 5 |
| 4 | 2 | 5 | 1 | 6 | 8 | 7 | 9 | 3 |
| 8 | 6 | 9 | 7 | 3 | 5 | 1 | 2 | 4 |

# LEVEL Seven
# Principal Dancer
# 9X9 GRiDS

Name her: _____

Would you like to colour this ballerina in?

## Puzzle 1
### Easy

|   | 5 |   |   |   |   |   |   | 1 |
|---|---|---|---|---|---|---|---|---|
|   |   | 7 | 1 |   | 2 | 8 |   |   |
|   | 9 | 1 | 4 | 3 |   | 5 |   | 6 |
|   | 3 |   | 5 |   | 6 | 4 |   |   |
| 6 |   |   |   |   | 4 | 1 | 5 |   |
|   | 8 | 4 | 2 |   |   |   |   | 7 |
|   |   |   |   | 8 |   |   |   |   |
| 8 |   | 3 | 7 |   | 9 |   | 4 | 5 |
| 7 | 2 |   |   |   | 1 | 3 | 8 |   |

## Puzzle 2
### Easy

|   | 3 |   | 6 |   |   |   |   | 8 |
|---|---|---|---|---|---|---|---|---|
| 8 |   |   |   | 5 |   |   | 2 |   |
| 6 | 4 |   | 2 |   | 7 | 1 | 9 |   |
|   |   | 7 |   | 6 | 4 | 3 | 1 |   |
| 4 |   | 3 |   |   |   | 5 |   |   |
|   | 8 |   |   | 1 | 5 |   | 7 |   |
| 2 |   |   | 7 |   |   |   |   | 5 |
|   |   | 1 | 4 | 2 |   | 9 | 6 |   |
| 7 | 9 |   |   | 3 |   |   | 4 |   |

## Puzzle 3
### Easy

|   |   | 4 |   | 2 |   | 9 |   | 3 |
|---|---|---|---|---|---|---|---|---|
|   | 9 |   |   |   | 1 | 6 | 5 | 8 |
| 1 |   | 2 |   |   | 8 |   |   |   |
|   | 3 | 1 |   | 6 |   |   | 5 |   |
|   |   | 5 |   |   |   | 9 | 1 | 6 |
| 6 |   |   |   | 5 | 4 | 3 |   |   |
|   | 2 |   | 8 | 9 |   | 6 | 4 |   |
| 9 |   |   |   |   | 2 |   |   |   |
| 3 | 4 |   | 5 |   |   |   | 9 | 8 |

## Puzzle 4
### Easy

| 4 |   |   | 3 |   |   |   |   |   |
|---|---|---|---|---|---|---|---|---|
|   | 9 | 6 | 2 | 1 |   |   | 3 | 5 |
|   | 3 |   |   |   | 8 | 9 | 4 |   |
| 9 |   |   |   |   | 6 |   | 2 |   |
| 8 |   | 3 | 9 |   |   |   |   | 1 |
|   | 4 |   | 5 |   | 2 | 7 |   | 3 |
| 5 |   | 9 |   | 6 |   | 2 |   | 4 |
| 3 |   | 8 |   |   | 1 |   | 6 |   |
|   |   |   | 8 | 5 |   |   |   | 7 |

## Puzzle 5
### Easy

| 1 |   |   |   |   |   | 7 |   |   |
|---|---|---|---|---|---|---|---|---|
|   |   | 4 |   | 5 | 7 |   | 1 |   |
| 6 | 2 |   | 8 |   | 1 |   | 5 | 9 |
| 4 | 8 |   | 3 |   |   |   |   |   |
|   |   | 2 |   |   | 9 | 1 |   | 4 |
|   | 9 |   | 7 | 6 |   | 8 |   | 5 |
|   |   | 9 |   |   | 6 | 5 |   |   |
| 8 |   | 6 | 1 | 3 |   |   | 7 |   |
| 5 |   |   | 2 |   |   | 4 |   | 1 |

## Puzzle 6
### Easy

|   |   |   |   | 1 | 5 | 7 |   |   |
|---|---|---|---|---|---|---|---|---|
| 7 |   | 1 |   |   |   | 3 |   | 6 |
|   | 4 | 3 |   | 6 | 2 |   | 5 |   |
|   | 1 | 6 |   | 2 | 7 | 9 | 3 |   |
| 5 |   |   |   |   |   |   |   | 8 |
|   |   | 9 | 5 | 4 |   | 2 |   |   |
| 3 | 7 |   | 1 |   |   | 6 | 8 |   |
|   | 9 |   |   |   | 8 | 1 |   | 4 |
|   |   | 2 | 4 | 7 |   |   |   |   |

## Puzzle 7
### Easy

|   |   |   |   |   |   |   |   |   |
|---|---|---|---|---|---|---|---|---|
| 1 |   |   |   | 5 |   |   | 7 | 8 |
|   |   <br> |   | 3 | 8 |   | 1 |   |   |
| 7 | 8 |   |   |   | 3 |   | 1 | 4 |
| 2 |   | 1 | 4 |   |   | 6 |   | 3 |
|   | 9 |   |   | 1 |   | 3 |   | 5 |   |
|   |   | 6 |   |   | 8 |   |   | 9 |
| 8 |   | 4 | 9 | 1 |   | 7 |   |   |
|   | 5 | 9 |   |   | 7 |   | 2 |   |
|   |   |   |   | 2 |   | 4 |   | 5 |

## Puzzle 8
### Easy

|   |   |   |   |   |   |   |   |   |
|---|---|---|---|---|---|---|---|---|
|   |   |   |   |   | 7 | 4 |   |   |
|   | 3 | 4 |   | 5 |   | 8 |   | 9 |
| 6 |   | 9 | 4 | 3 |   |   |   | 7 |
| 4 | 8 |   | 7 |   |   |   | 9 |   |
| 5 |   | 3 | 1 |   | 6 |   |   | 4 |
|   |   |   |   |   | 3 | 1 | 7 |   |
| 1 |   | 6 |   |   | 4 |   | 5 |   |
| 8 |   |   | 5 |   | 9 | 6 |   |   |
|   |   | 5 | 6 |   |   |   | 1 | 8 |

## Puzzle 9
### Easy

|   |   | 6 |   |   |   |   | 3 |   |
|---|---|---|---|---|---|---|---|---|
|   | 2 |   | 3 |   | 9 |   |   | 7 |
| 8 | 7 |   |   | 5 | 2 | 1 |   | 4 |
| 6 | 4 |   | 1 |   |   | 5 | 8 |   |
|   | 1 | 9 |   | 6 |   | 7 |   |   |
|   |   |   |   | 9 |   | 5 |   | 2 |
|   | 8 | 4 |   |   |   |   | 5 | 1 |
| 3 |   |   |   | 2 | 4 | 9 |   | 8 |
|   |   | 5 |   |   | 3 | 1 |   |   |

## Puzzle 10
### Easy

|   | 4 |   | 3 |   |   | 2 |   | 8 |
|---|---|---|---|---|---|---|---|---|
| 7 |   | 1 |   | 8 |   |   |   |   |
| 3 |   |   | 2 | 7 |   | 9 |   | 1 |
|   | 7 |   |   |   | 4 |   | 9 |   |
|   | 1 | 9 | 5 | 2 |   |   | 6 | 3 |
|   |   | 4 | 6 |   |   | 8 |   |   |
|   | 5 | 3 | 1 |   |   | 7 |   |   |
| 2 |   |   |   | 9 | 5 |   | 6 | 1 |
|   |   | 6 |   |   | 8 |   | 3 |   |

## Puzzle 11
### Easy

| 4 |   | 9 |   | 7 |   | 2 | 8 |   |
|---|---|---|---|---|---|---|---|---|
|   |   |   |   | 4 | 8 | 9 |   |   |
|   | 2 | 5 |   |   | 9 |   |   | 3 |
|   |   |   | 3 | 4 | 5 |   |   |   |
|   | 9 | 1 |   | 6 |   |   | 7 | 4 |
| 3 |   | 2 |   |   | 7 |   |   | 8 |
| 2 |   | 8 |   |   | 3 |   | 9 | 6 |
|   |   | 7 | 4 |   |   |   |   |   |
| 6 |   |   |   | 2 | 1 | 8 | 5 |   |

## Puzzle 12
### Easy

|   | 2 | 5 | 4 |   | 8 | 1 | 7 |   |
|---|---|---|---|---|---|---|---|---|
| 9 |   |   | 5 |   |   | 3 |   |   |
|   |   | 1 |   | 3 |   |   | 6 |   |
|   |   | 2 |   | 9 |   | 5 |   |   |
| 6 |   |   | 7 |   |   | 2 | 4 |   |
| 5 |   | 7 | 1 |   | 4 |   |   | 8 |
| 8 | 9 |   | 2 |   |   |   | 3 |   |
|   |   |   |   |   | 9 | 7 |   | 6 |
| 1 | 7 |   | 8 |   | 6 |   |   | 2 |

## Puzzle 13
### A Bit Harder

|   |   |   | 7 |   |   |   | 2 | 5 |
|---|---|---|---|---|---|---|---|---|
| 5 | 9 | 2 |   |   | 8 |   | 6 |   |
|   | 3 |   |   |   | 6 |   |   | 9 |
|   |   |   |   | 7 |   |   |   |   |
| 1 | 7 |   |   |   | 9 | 6 | 3 | 4 |
| 2 |   |   | 1 |   |   |   |   |   |
|   |   |   |   |   |   |   | 7 |   |
|   |   | 8 |   | 1 |   |   | 5 |   |
|   |   |   | 8 |   |   |   |   | 2 |

## Puzzle 14
### A Bit Harder

| 6 |   | 1 | 5 |   |   |   |   |   |
|---|---|---|---|---|---|---|---|---|
| 2 |   |   | 8 |   | 3 |   |   |   |
|   |   |   | 1 |   |   |   |   | 7 |
|   | 2 |   |   |   |   |   |   | 6 |
| 8 |   |   |   | 7 |   | 9 |   |   |
|   |   | 6 |   | 2 |   |   | 7 |   |
| 4 |   |   |   | 5 | 8 |   | 1 |   |
| 9 |   |   |   |   |   |   |   |   |
| 3 |   |   | 9 | 1 |   | 2 |   | 5 |

## Puzzle 15
### A Bit Harder

|   |   |   |   | 1 | 2 |   | 4 |   |
|---|---|---|---|---|---|---|---|---|
|   |   | 3 | 4 |   |   |   |   | 7 |
|   | 1 |   | 6 |   |   | 5 |   |   |
|   |   | 5 | 1 |   | 8 |   | 2 |   |
|   | 3 |   |   | 2 |   |   |   |   |
|   |   | 6 |   |   | 3 |   |   |   |
| 3 |   |   |   | 7 |   | 4 |   |   |
| 1 |   |   |   |   |   |   | 6 |   |
|   |   | 7 | 5 |   | 9 |   | 1 |   |

## Puzzle 16
### A Bit Harder

|   |   | 7 |   | 8 | 6 |   |   |   |
|---|---|---|---|---|---|---|---|---|
| 9 |   |   |   |   |   |   |   | 1 |
|   | 1 |   | 9 |   |   |   | 6 |   |
|   |   |   |   |   | 2 |   |   | 6 |
|   |   | 9 |   | 3 | 7 |   |   |   |
|   | 2 | 1 |   |   | 5 |   |   |   |
|   |   | 3 | 2 |   | 8 | 9 |   | 5 |
|   |   | 8 |   |   |   |   |   |   |
|   |   | 4 | 5 | 7 |   | 2 |   |   |

## Puzzle 17

### A Bit Harder

|   | 2 |   |   |   |   |   |   |   |
|---|---|---|---|---|---|---|---|---|
|   | 5 | 6 | 9 |   |   | 1 |   |   |
|   | 4 | 1 |   | 2 | 3 |   | 6 |   |
| 3 |   |   |   |   |   |   |   | 7 |
|   | 7 |   | 3 |   |   |   | 8 |   |
|   |   | 9 |   | 2 | 8 |   |   |   |
|   |   |   |   |   | 1 |   |   | 8 |
|   |   | 3 |   | 4 | 9 |   |   |   |
|   | 1 | 7 |   |   | 6 |   |   |   |

## Puzzle 18

### A Bit Harder

|   | 3 | 2 | 5 |   |   |   |   |   |
|---|---|---|---|---|---|---|---|---|
|   |   | 9 |   | 7 |   | 8 | 3 | 2 |
|   | 8 |   |   | 9 |   | 6 |   |   |
|   |   |   |   |   | 5 |   |   |   |
| 9 | 4 | 6 |   | 8 |   | 5 | 1 |   |
|   |   |   | 1 |   |   |   | 2 |   |
|   |   | 3 |   |   | 1 |   |   | 7 |
|   | 2 |   | 7 |   |   |   |   |   |
|   |   | 5 |   |   |   |   |   |   |

## Puzzle 19

### A Bit Harder

|   |   |   |   |   | 5 |   |   | 8 |
|---|---|---|---|---|---|---|---|---|
| 7 |   |   |   |   |   |   |   |   |
|   |   | 1 |   |   |   | 3 |   |   |
| 3 | 4 | 8 | 7 |   |   |   |   | 2 |
|   |   |   |   | 1 | 6 |   | 2 |   |
|   |   |   |   |   | 8 |   | 7 | 6 |
|   |   |   |   | 2 |   | 9 |   | 4 |
|   |   |   |   | 9 | 4 |   | 8 |   |
|   |   | 3 |   |   |   |   |   |   |
|   |   | 8 | 6 |   | 2 |   | 7 | 5 |

## Puzzle 20

### A Bit Harder

|   |   |   | 6 |   |   | 8 |   | 9 |
|---|---|---|---|---|---|---|---|---|
| 3 | 2 | 8 | 9 |   |   |   | 7 |   |
|   |   |   | 2 |   | 3 | 5 |   |   |
|   |   |   |   |   | 2 | 7 |   |   |
|   | 7 |   | 3 |   |   |   |   | 1 |
|   |   |   | 5 |   |   |   |   |   |
| 1 |   | 5 | 6 | 9 | 4 |   | 8 |   |
|   |   |   |   |   |   |   |   | 5 |
| 2 |   |   |   |   |   | 1 |   |   |

## Puzzle 21

### A Bit Harder

|   |   |   |   |   |   |   |   |   |
|---|---|---|---|---|---|---|---|---|
| 6 |   | 9 |   | 4 | 2 |   |   |   |
|   | 1 |   | 9 |   |   |   | 5 | 6 |
|   |   |   |   | 5 |   |   | 3 |   |
|   |   | 2 |   |   |   |   | 6 |   |
|   | 8 | 6 |   |   |   | 1 | 4 |   |
| 5 |   | 1 |   |   |   |   |   |   |
|   |   |   | 4 | 6 |   |   | 9 | 2 |
| 3 |   |   |   |   | 7 |   |   |   |
|   |   | 5 | 8 |   | 9 |   |   | 7 |

## Puzzle 22

### A Bit Harder

|   |   |   |   |   |   |   |   |   |
|---|---|---|---|---|---|---|---|---|
| 5 |   |   |   | 6 |   |   | 8 |   |
|   | 6 |   |   | 4 |   | 1 | 5 | 2 |
| 2 | 1 |   | 7 |   |   |   |   |   |
| 1 |   |   | 4 |   |   |   |   |   |
|   | 2 |   |   |   | 3 | 4 |   |   |
|   | 7 |   |   |   |   |   |   |   |
|   |   |   |   |   | 7 |   |   |   |
|   |   |   | 3 |   |   |   |   | 1 |
| 9 | 8 | 6 |   | 5 |   |   | 7 | 3 |

## Puzzle 23

### A Bit Harder

|   |   | 3 |   | 7 |   |   | 6 |   |
|---|---|---|---|---|---|---|---|---|
|   |   |   |   |   | 2 |   | 9 |   |
| 5 | 8 |   |   |   |   | 9 | 3 |   |
|   | 7 |   | 3 |   |   | 6 |   |   |
|   | 2 |   |   | 8 |   |   |   | 9 |
| 1 |   | 9 |   |   | 7 |   |   |   |
| 6 |   |   |   |   |   | 2 |   |   |
| 4 | 9 |   |   |   |   | 1 | 8 |   |
|   |   | 1 |   |   |   |   |   | 6 |

## Puzzle 24

### A Bit Harder

| 5 | 9 |   |   |   | 7 | 3 | 8 | 2 |
|---|---|---|---|---|---|---|---|---|
|   |   |   |   | 9 |   |   |   |   |
| 1 |   |   | 5 |   |   |   |   |   |
|   |   |   | 9 |   |   | 4 |   | 1 |
|   | 2 |   |   |   |   | 8 | 7 |   |
| 4 | 7 | 1 |   |   | 6 |   |   | 8 |
|   |   | 6 |   | 5 |   |   |   | 4 |
|   |   |   |   |   |   |   |   | 9 |
|   |   |   | 6 |   |   | 1 |   |   |

# Answers – Level Seven

### Solution for Puzzle 1

| 4 | 5 | 8 | 9 | 6 | 7 | 2 | 3 | 1 |
|---|---|---|---|---|---|---|---|---|
| 3 | 6 | 7 | 1 | 5 | 2 | 8 | 9 | 4 |
| 2 | 9 | 1 | 4 | 3 | 8 | 5 | 7 | 6 |
| 1 | 3 | 9 | 5 | 7 | 6 | 4 | 2 | 8 |
| 6 | 7 | 2 | 8 | 9 | 4 | 1 | 5 | 3 |
| 5 | 8 | 4 | 2 | 1 | 3 | 9 | 6 | 7 |
| 9 | 4 | 6 | 3 | 8 | 5 | 7 | 1 | 2 |
| 8 | 1 | 3 | 7 | 2 | 9 | 6 | 4 | 5 |
| 7 | 2 | 5 | 6 | 4 | 1 | 3 | 8 | 9 |

### Solution for Puzzle 2

| 1 | 3 | 2 | 6 | 4 | 9 | 7 | 5 | 8 |
|---|---|---|---|---|---|---|---|---|
| 8 | 7 | 9 | 1 | 5 | 3 | 6 | 2 | 4 |
| 6 | 4 | 5 | 2 | 8 | 7 | 1 | 9 | 3 |
| 5 | 2 | 7 | 8 | 6 | 4 | 3 | 1 | 9 |
| 4 | 1 | 3 | 9 | 7 | 2 | 5 | 8 | 6 |
| 9 | 8 | 6 | 3 | 1 | 5 | 4 | 7 | 2 |
| 2 | 6 | 4 | 7 | 9 | 1 | 8 | 3 | 5 |
| 3 | 5 | 1 | 4 | 2 | 8 | 9 | 6 | 7 |
| 7 | 9 | 8 | 5 | 3 | 6 | 2 | 4 | 1 |

### Solution for Puzzle 3

| 8 | 6 | 4 | 7 | 2 | 5 | 9 | 1 | 3 |
|---|---|---|---|---|---|---|---|---|
| 7 | 9 | 3 | 4 | 1 | 6 | 5 | 8 | 2 |
| 1 | 5 | 2 | 9 | 3 | 8 | 4 | 7 | 6 |
| 4 | 3 | 1 | 2 | 6 | 7 | 8 | 5 | 9 |
| 2 | 7 | 5 | 3 | 8 | 9 | 1 | 6 | 4 |
| 6 | 8 | 9 | 1 | 5 | 4 | 3 | 2 | 7 |
| 5 | 2 | 7 | 8 | 9 | 3 | 6 | 4 | 1 |
| 9 | 1 | 8 | 6 | 4 | 2 | 7 | 3 | 5 |
| 3 | 4 | 6 | 5 | 7 | 1 | 2 | 9 | 8 |

### Solution for Puzzle 4

| 4 | 8 | 2 | 3 | 9 | 5 | 1 | 7 | 6 |
|---|---|---|---|---|---|---|---|---|
| 7 | 9 | 6 | 2 | 1 | 4 | 8 | 3 | 5 |
| 1 | 3 | 5 | 6 | 7 | 8 | 9 | 4 | 2 |
| 9 | 5 | 7 | 1 | 3 | 6 | 4 | 2 | 8 |
| 8 | 2 | 3 | 9 | 4 | 7 | 6 | 5 | 1 |
| 6 | 4 | 1 | 5 | 8 | 2 | 7 | 9 | 3 |
| 5 | 1 | 9 | 7 | 6 | 3 | 2 | 8 | 4 |
| 3 | 7 | 8 | 4 | 2 | 1 | 5 | 6 | 9 |
| 2 | 6 | 4 | 8 | 5 | 9 | 3 | 1 | 7 |

## Solution for Puzzle 5

| 1 | 5 | 8 | 9 | 2 | 3 | 7 | 4 | 6 |
|---|---|---|---|---|---|---|---|---|
| 9 | 3 | 4 | 6 | 5 | 7 | 2 | 1 | 8 |
| 6 | 2 | 7 | 8 | 4 | 1 | 3 | 5 | 9 |
| 4 | 8 | 5 | 3 | 1 | 2 | 6 | 9 | 7 |
| 7 | 6 | 2 | 5 | 8 | 9 | 1 | 3 | 4 |
| 3 | 9 | 1 | 7 | 6 | 4 | 8 | 2 | 5 |
| 2 | 1 | 9 | 4 | 7 | 6 | 5 | 8 | 3 |
| 8 | 4 | 6 | 1 | 3 | 5 | 9 | 7 | 2 |
| 5 | 7 | 3 | 2 | 9 | 8 | 4 | 6 | 1 |

## Solution for Puzzle 6

| 2 | 6 | 8 | 3 | 1 | 5 | 7 | 4 | 9 |
|---|---|---|---|---|---|---|---|---|
| 7 | 5 | 1 | 9 | 8 | 4 | 3 | 2 | 6 |
| 9 | 4 | 3 | 7 | 6 | 2 | 8 | 5 | 1 |
| 4 | 1 | 6 | 8 | 2 | 7 | 9 | 3 | 5 |
| 5 | 2 | 7 | 6 | 9 | 3 | 4 | 1 | 8 |
| 8 | 3 | 9 | 5 | 4 | 1 | 2 | 6 | 7 |
| 3 | 7 | 4 | 1 | 5 | 9 | 6 | 8 | 2 |
| 6 | 9 | 5 | 2 | 3 | 8 | 1 | 7 | 4 |
| 1 | 8 | 2 | 4 | 7 | 6 | 5 | 9 | 3 |

## Solution for Puzzle 7

| 1 | 6 | 2 | 5 | 9 | 4 | 3 | 7 | 8 |
|---|---|---|---|---|---|---|---|---|
| 9 | 4 | 3 | 8 | 7 | 1 | 5 | 6 | 2 |
| 7 | 8 | 5 | 6 | 3 | 2 | 9 | 1 | 4 |
| 2 | 7 | 1 | 4 | 5 | 9 | 6 | 8 | 3 |
| 4 | 9 | 8 | 1 | 6 | 3 | 2 | 5 | 7 |
| 5 | 3 | 6 | 7 | 2 | 8 | 1 | 4 | 9 |
| 8 | 2 | 4 | 9 | 1 | 5 | 7 | 3 | 6 |
| 6 | 5 | 9 | 3 | 4 | 7 | 8 | 2 | 1 |
| 3 | 1 | 7 | 2 | 8 | 6 | 4 | 9 | 5 |

## Solution for Puzzle 8

| 2 | 5 | 8 | 9 | 6 | 7 | 4 | 3 | 1 |
|---|---|---|---|---|---|---|---|---|
| 7 | 3 | 4 | 2 | 5 | 1 | 8 | 6 | 9 |
| 6 | 1 | 9 | 4 | 3 | 8 | 5 | 2 | 7 |
| 4 | 8 | 1 | 7 | 2 | 5 | 3 | 9 | 6 |
| 5 | 7 | 3 | 1 | 9 | 6 | 2 | 8 | 4 |
| 9 | 6 | 2 | 8 | 4 | 3 | 1 | 7 | 5 |
| 1 | 9 | 6 | 3 | 8 | 4 | 7 | 5 | 2 |
| 8 | 2 | 7 | 5 | 1 | 9 | 6 | 4 | 3 |
| 3 | 4 | 5 | 6 | 7 | 2 | 9 | 1 | 8 |

## Solution for Puzzle 9

| 1 | 9 | 6 | 4 | 8 | 7 | 2 | 3 | 5 |
|---|---|---|---|---|---|---|---|---|
| 4 | 2 | 5 | 3 | 1 | 9 | 8 | 6 | 7 |
| 8 | 7 | 3 | 6 | 5 | 2 | 1 | 9 | 4 |
| 6 | 4 | 2 | 1 | 7 | 3 | 5 | 8 | 9 |
| 5 | 1 | 9 | 2 | 6 | 8 | 7 | 4 | 3 |
| 7 | 3 | 8 | 9 | 4 | 5 | 6 | 1 | 2 |
| 2 | 8 | 4 | 7 | 9 | 6 | 3 | 5 | 1 |
| 3 | 6 | 1 | 5 | 2 | 4 | 9 | 7 | 8 |
| 9 | 5 | 7 | 8 | 3 | 1 | 4 | 2 | 6 |

## Solution for Puzzle 10

| 9 | 4 | 5 | 3 | 1 | 6 | 2 | 7 | 8 |
|---|---|---|---|---|---|---|---|---|
| 7 | 2 | 1 | 4 | 8 | 9 | 3 | 5 | 6 |
| 3 | 6 | 8 | 2 | 7 | 5 | 9 | 4 | 1 |
| 6 | 7 | 2 | 8 | 3 | 4 | 1 | 9 | 5 |
| 8 | 1 | 9 | 5 | 2 | 7 | 4 | 6 | 3 |
| 5 | 3 | 4 | 6 | 9 | 1 | 8 | 2 | 7 |
| 4 | 5 | 3 | 1 | 6 | 2 | 7 | 8 | 9 |
| 2 | 8 | 7 | 9 | 5 | 3 | 6 | 1 | 4 |
| 1 | 9 | 6 | 7 | 4 | 8 | 5 | 3 | 2 |

## Solution for Puzzle 11

| 4 | 6 | 9 | 3 | 7 | 5 | 2 | 8 | 1 |
|---|---|---|---|---|---|---|---|---|
| 1 | 7 | 3 | 2 | 4 | 8 | 9 | 6 | 5 |
| 8 | 2 | 5 | 6 | 1 | 9 | 7 | 4 | 3 |
| 7 | 8 | 6 | 1 | 3 | 4 | 5 | 2 | 9 |
| 5 | 9 | 1 | 8 | 6 | 2 | 3 | 7 | 4 |
| 3 | 4 | 2 | 5 | 9 | 7 | 6 | 1 | 8 |
| 2 | 1 | 8 | 7 | 5 | 3 | 4 | 9 | 6 |
| 9 | 5 | 7 | 4 | 8 | 6 | 1 | 3 | 2 |
| 6 | 3 | 4 | 9 | 2 | 1 | 8 | 5 | 7 |

## Solution for Puzzle 12

| 3 | 2 | 5 | 4 | 6 | 8 | 1 | 7 | 9 |
|---|---|---|---|---|---|---|---|---|
| 9 | 6 | 8 | 5 | 7 | 1 | 3 | 2 | 4 |
| 7 | 4 | 1 | 9 | 3 | 2 | 8 | 6 | 5 |
| 4 | 8 | 2 | 6 | 9 | 3 | 5 | 1 | 7 |
| 6 | 1 | 9 | 7 | 8 | 5 | 2 | 4 | 3 |
| 5 | 3 | 7 | 1 | 2 | 4 | 6 | 9 | 8 |
| 8 | 9 | 6 | 2 | 5 | 7 | 4 | 3 | 1 |
| 2 | 5 | 4 | 3 | 1 | 9 | 7 | 8 | 6 |
| 1 | 7 | 3 | 8 | 4 | 6 | 9 | 5 | 2 |

## Solution for Puzzle 13

| 8 | 6 | 4 | 7 | 9 | 1 | 3 | 2 | 5 |
|---|---|---|---|---|---|---|---|---|
| 5 | 9 | 2 | 3 | 4 | 8 | 7 | 6 | 1 |
| 7 | 3 | 1 | 5 | 2 | 6 | 4 | 8 | 9 |
| 3 | 4 | 9 | 6 | 7 | 5 | 2 | 1 | 8 |
| 1 | 7 | 5 | 2 | 8 | 9 | 6 | 3 | 4 |
| 2 | 8 | 6 | 1 | 3 | 4 | 5 | 9 | 7 |
| 4 | 1 | 3 | 9 | 5 | 2 | 8 | 7 | 6 |
| 6 | 2 | 8 | 4 | 1 | 7 | 9 | 5 | 3 |
| 9 | 5 | 7 | 8 | 6 | 3 | 1 | 4 | 2 |

## Solution for Puzzle 14

| 6 | 3 | 1 | 5 | 7 | 2 | 4 | 8 | 9 |
|---|---|---|---|---|---|---|---|---|
| 2 | 4 | 7 | 8 | 9 | 3 | 6 | 5 | 1 |
| 5 | 8 | 9 | 1 | 4 | 6 | 3 | 2 | 7 |
| 7 | 2 | 3 | 4 | 8 | 1 | 5 | 9 | 6 |
| 8 | 5 | 4 | 7 | 6 | 9 | 1 | 3 | 2 |
| 1 | 9 | 6 | 3 | 2 | 5 | 8 | 7 | 4 |
| 4 | 7 | 2 | 6 | 5 | 8 | 9 | 1 | 3 |
| 9 | 1 | 5 | 2 | 3 | 4 | 7 | 6 | 8 |
| 3 | 6 | 8 | 9 | 1 | 7 | 2 | 4 | 5 |

## Solution for Puzzle 15

| 5 | 7 | 8 | 3 | 1 | 2 | 6 | 4 | 9 |
|---|---|---|---|---|---|---|---|---|
| 6 | 2 | 3 | 4 | 9 | 5 | 1 | 8 | 7 |
| 9 | 1 | 4 | 6 | 8 | 7 | 5 | 3 | 2 |
| 7 | 9 | 5 | 1 | 4 | 8 | 3 | 2 | 6 |
| 8 | 3 | 1 | 7 | 2 | 6 | 9 | 5 | 4 |
| 2 | 4 | 6 | 9 | 5 | 3 | 8 | 7 | 1 |
| 3 | 6 | 2 | 8 | 7 | 1 | 4 | 9 | 5 |
| 1 | 5 | 9 | 2 | 3 | 4 | 7 | 6 | 8 |
| 4 | 8 | 7 | 5 | 6 | 9 | 2 | 1 | 3 |

## Solution for Puzzle 16

| 5 | 4 | 7 | 1 | 8 | 6 | 2 | 3 | 9 |
|---|---|---|---|---|---|---|---|---|
| 9 | 3 | 6 | 7 | 2 | 4 | 5 | 8 | 1 |
| 8 | 1 | 2 | 9 | 5 | 3 | 7 | 6 | 4 |
| 7 | 8 | 5 | 4 | 1 | 2 | 3 | 9 | 6 |
| 4 | 6 | 9 | 8 | 3 | 7 | 1 | 5 | 2 |
| 3 | 2 | 1 | 6 | 9 | 5 | 4 | 7 | 8 |
| 1 | 7 | 3 | 2 | 6 | 8 | 9 | 4 | 5 |
| 2 | 5 | 8 | 3 | 4 | 9 | 6 | 1 | 7 |
| 6 | 9 | 4 | 5 | 7 | 1 | 8 | 2 | 3 |

## Solution for Puzzle 17

| 1 | 6 | 2 | 4 | 5 | 3 | 8 | 7 | 9 |
|---|---|---|---|---|---|---|---|---|
| 8 | 3 | 5 | 6 | 9 | 7 | 2 | 1 | 4 |
| 7 | 9 | 4 | 1 | 8 | 2 | 3 | 5 | 6 |
| 3 | 4 | 8 | 9 | 1 | 5 | 6 | 2 | 7 |
| 2 | 7 | 1 | 3 | 6 | 4 | 9 | 8 | 5 |
| 6 | 5 | 9 | 7 | 2 | 8 | 1 | 4 | 3 |
| 9 | 2 | 6 | 5 | 7 | 1 | 4 | 3 | 8 |
| 5 | 8 | 3 | 2 | 4 | 9 | 7 | 6 | 1 |
| 4 | 1 | 7 | 8 | 3 | 6 | 5 | 9 | 2 |

## Solution for Puzzle 18

| 6 | 3 | 2 | 5 | 1 | 8 | 9 | 7 | 4 |
|---|---|---|---|---|---|---|---|---|
| 5 | 1 | 9 | 6 | 7 | 4 | 8 | 3 | 2 |
| 4 | 8 | 7 | 3 | 9 | 2 | 6 | 5 | 1 |
| 2 | 7 | 1 | 9 | 3 | 5 | 4 | 6 | 8 |
| 9 | 4 | 6 | 2 | 8 | 7 | 5 | 1 | 3 |
| 3 | 5 | 8 | 1 | 4 | 6 | 7 | 2 | 9 |
| 8 | 6 | 3 | 4 | 5 | 1 | 2 | 9 | 7 |
| 1 | 2 | 4 | 7 | 6 | 9 | 3 | 8 | 5 |
| 7 | 9 | 5 | 8 | 2 | 3 | 1 | 4 | 6 |

## Solution for Puzzle 19

| 7 | 2 | 9 | 4 | 3 | 5 | 6 | 1 | 8 |
|---|---|---|---|---|---|---|---|---|
| 5 | 6 | 1 | 8 | 9 | 2 | 3 | 4 | 7 |
| 3 | 4 | 8 | 7 | 1 | 6 | 5 | 9 | 2 |
| 8 | 9 | 7 | 1 | 6 | 4 | 2 | 3 | 5 |
| 2 | 1 | 4 | 5 | 8 | 3 | 9 | 7 | 6 |
| 6 | 3 | 5 | 2 | 7 | 9 | 1 | 8 | 4 |
| 1 | 5 | 2 | 9 | 4 | 7 | 8 | 6 | 3 |
| 9 | 7 | 3 | 6 | 5 | 8 | 4 | 2 | 1 |
| 4 | 8 | 6 | 3 | 2 | 1 | 7 | 5 | 9 |

## Solution for Puzzle 20

| 5 | 1 | 6 | 7 | 4 | 8 | 3 | 9 | 2 |
|---|---|---|---|---|---|---|---|---|
| 3 | 2 | 8 | 9 | 5 | 1 | 6 | 7 | 4 |
| 7 | 4 | 9 | 2 | 6 | 3 | 5 | 1 | 8 |
| 8 | 5 | 3 | 4 | 1 | 2 | 7 | 6 | 9 |
| 9 | 7 | 2 | 3 | 8 | 6 | 4 | 5 | 1 |
| 4 | 6 | 1 | 5 | 7 | 9 | 8 | 2 | 3 |
| 1 | 3 | 5 | 6 | 9 | 4 | 2 | 8 | 7 |
| 6 | 8 | 4 | 1 | 2 | 7 | 9 | 3 | 5 |
| 2 | 9 | 7 | 8 | 3 | 5 | 1 | 4 | 6 |

## Solution for Puzzle 21

| 6 | 5 | 9 | 3 | 4 | 2 | 8 | 7 | 1 |
|---|---|---|---|---|---|---|---|---|
| 4 | 1 | 3 | 9 | 7 | 8 | 2 | 5 | 6 |
| 8 | 2 | 7 | 1 | 5 | 6 | 9 | 3 | 4 |
| 9 | 4 | 2 | 7 | 8 | 1 | 5 | 6 | 3 |
| 7 | 8 | 6 | 5 | 2 | 3 | 1 | 4 | 9 |
| 5 | 3 | 1 | 6 | 9 | 4 | 7 | 2 | 8 |
| 1 | 7 | 8 | 4 | 6 | 5 | 3 | 9 | 2 |
| 3 | 9 | 4 | 2 | 1 | 7 | 6 | 8 | 5 |
| 2 | 6 | 5 | 8 | 3 | 9 | 4 | 1 | 7 |

## Solution for Puzzle 22

| 5 | 4 | 9 | 2 | 6 | 1 | 3 | 8 | 7 |
|---|---|---|---|---|---|---|---|---|
| 3 | 6 | 7 | 8 | 4 | 9 | 1 | 5 | 2 |
| 2 | 1 | 8 | 7 | 3 | 5 | 9 | 6 | 4 |
| 1 | 9 | 3 | 4 | 8 | 6 | 7 | 2 | 5 |
| 8 | 2 | 5 | 9 | 7 | 3 | 4 | 1 | 6 |
| 6 | 7 | 4 | 5 | 1 | 2 | 8 | 3 | 9 |
| 4 | 3 | 1 | 6 | 2 | 7 | 5 | 9 | 8 |
| 7 | 5 | 2 | 3 | 9 | 8 | 6 | 4 | 1 |
| 9 | 8 | 6 | 1 | 5 | 4 | 2 | 7 | 3 |

## Solution for Puzzle 23

| 9 | 4 | 3 | 8 | 7 | 5 | 1 | 6 | 2 |
|---|---|---|---|---|---|---|---|---|
| 7 | 1 | 6 | 4 | 3 | 2 | 5 | 9 | 8 |
| 5 | 8 | 2 | 6 | 1 | 9 | 3 | 7 | 4 |
| 8 | 7 | 5 | 3 | 9 | 4 | 6 | 2 | 1 |
| 3 | 2 | 4 | 1 | 8 | 6 | 7 | 5 | 9 |
| 1 | 6 | 9 | 5 | 2 | 7 | 4 | 8 | 3 |
| 6 | 5 | 8 | 9 | 4 | 3 | 2 | 1 | 7 |
| 4 | 9 | 7 | 2 | 6 | 1 | 8 | 3 | 5 |
| 2 | 3 | 1 | 7 | 5 | 8 | 9 | 4 | 6 |

## Solution for Puzzle 24

| 5 | 9 | 4 | 1 | 6 | 7 | 3 | 8 | 2 |
|---|---|---|---|---|---|---|---|---|
| 2 | 3 | 7 | 8 | 9 | 4 | 6 | 1 | 5 |
| 1 | 6 | 8 | 5 | 2 | 3 | 9 | 4 | 7 |
| 6 | 8 | 3 | 9 | 7 | 5 | 4 | 2 | 1 |
| 9 | 2 | 5 | 4 | 1 | 8 | 7 | 3 | 6 |
| 4 | 7 | 1 | 2 | 3 | 6 | 5 | 9 | 8 |
| 8 | 1 | 6 | 3 | 5 | 9 | 2 | 7 | 4 |
| 3 | 5 | 2 | 7 | 4 | 1 | 8 | 6 | 9 |
| 7 | 4 | 9 | 6 | 8 | 2 | 1 | 5 | 3 |

Now you are so good at Sudoku puzzles, would you like to s-t-r-e-t-c-h your brain even more?

Here are some BONUS Sudoku puzzles using LETTERS

# How to Play the 'alternative' Sudoku Puzzles

Use the same techniques you used for the other puzzles in this book... use **LOGiC**

The first puzzles use the letters
**ABCD** in a 4x4 grid
All columns, rows and blocks have the letters
**ABCD**

The next set use the letters **ABCDEF** in a 6x 6 grid
All columns, rows and blocks have the letters
**ABCDEF**

*i hope you enjoy them!*

COLOUR iN the background when you finish all the puzzles on a page
HAVE FUN!

## Puzzle 1

|   | B | C |   |
|---|---|---|---|
|   |   |   | A |
| B |   |   |   |
|   | D | A |   |

## Puzzle 2

|   |   | D |   |
| D |   |   | B |
| C |   |   | A |
|   | A |   |   |

## Puzzle 3

|   | D | C |   |
|---|---|---|---|
| B |   |   |   |
|   |   |   | C |
|   | B | A |   |

## Puzzle 4

|   |   | D |   |
|---|---|---|---|
| D |   |   | B |
| C |   |   | A |
|   | A |   |   |

## Puzzle 5

|   | A |   |   |
|---|---|---|---|
| B |   |   | A |
| D |   |   | C |
|   |   | D |   |

## Puzzle 6

|   |   | D |   |
|---|---|---|---|
| D |   |   | B |
| C |   |   | A |
|   |   | A |   |

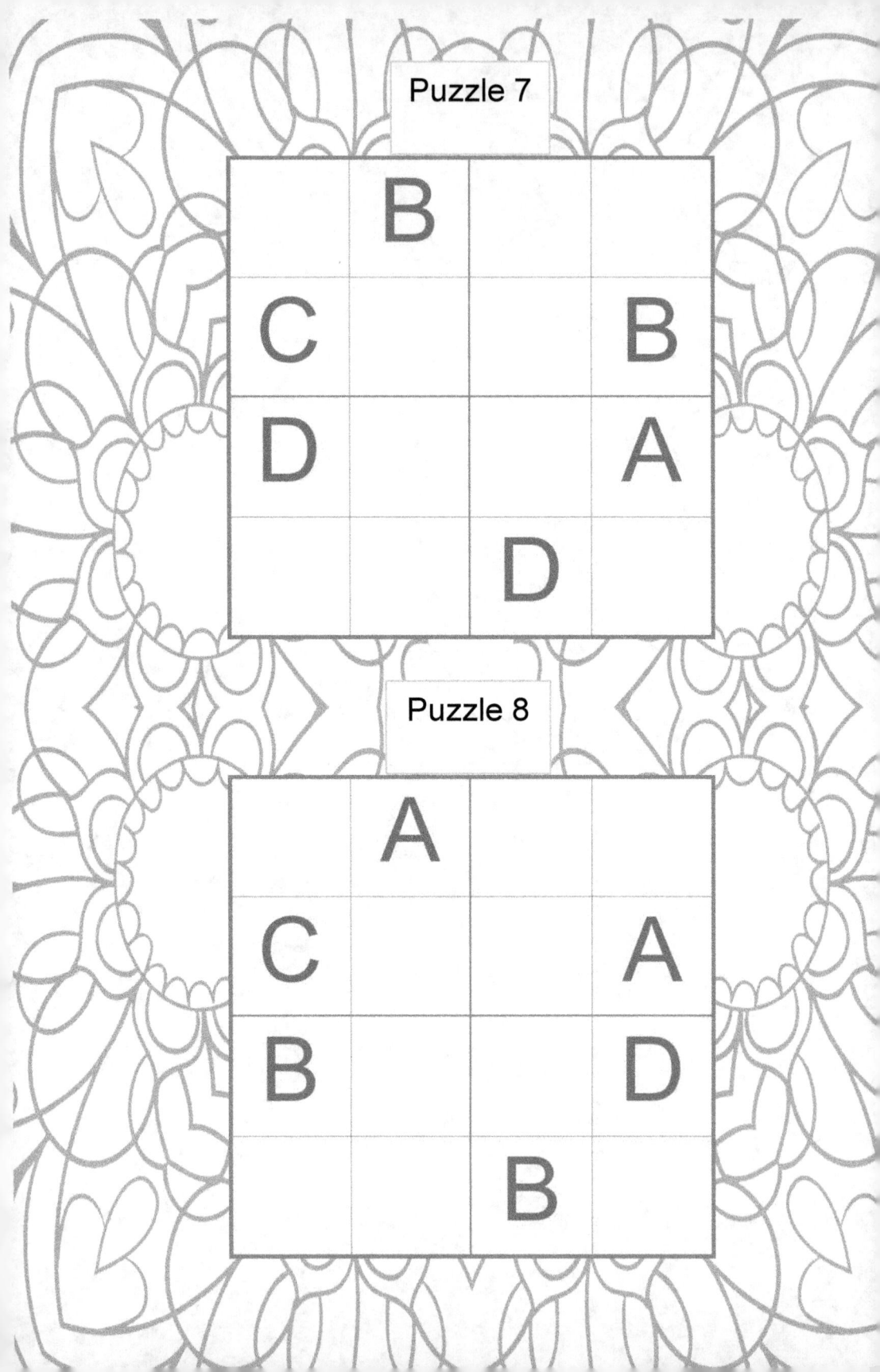

# Letter Sudoku Level 1 Answers

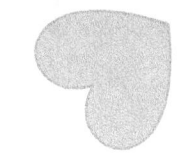

### Solution for Puzzle 1

| A | B | C | D |
|---|---|---|---|
| D | C | B | A |
| B | A | D | C |
| C | D | A | B |

### Solution for Puzzle 2

| A | B | D | C |
|---|---|---|---|
| D | C | A | B |
| C | D | B | A |
| B | A | C | D |

### Solution for Puzzle 3

| A | D | C | B |
|---|---|---|---|
| B | C | D | A |
| D | A | B | C |
| C | B | A | D |

### Solution for Puzzle 4

| A | B | D | C |
|---|---|---|---|
| D | C | A | B |
| C | D | B | A |
| B | A | C | D |

### Solution for Puzzle 5

| C | A | B | D |
|---|---|---|---|
| B | D | C | A |
| D | B | A | C |
| A | C | D | B |

### Solution for Puzzle 6

| A | B | D | C |
|---|---|---|---|
| D | C | A | B |
| C | D | B | A |
| B | A | C | D |

### Solution for Puzzle 7

| A | B | C | D |
|---|---|---|---|
| C | D | A | B |
| D | C | B | A |
| B | A | D | C |

### Solution for Puzzle 8

| D | A | C | B |
|---|---|---|---|
| C | B | D | A |
| B | C | A | D |
| A | D | B | C |

# Six by Six Grids

| A | B | C | D | E | F |

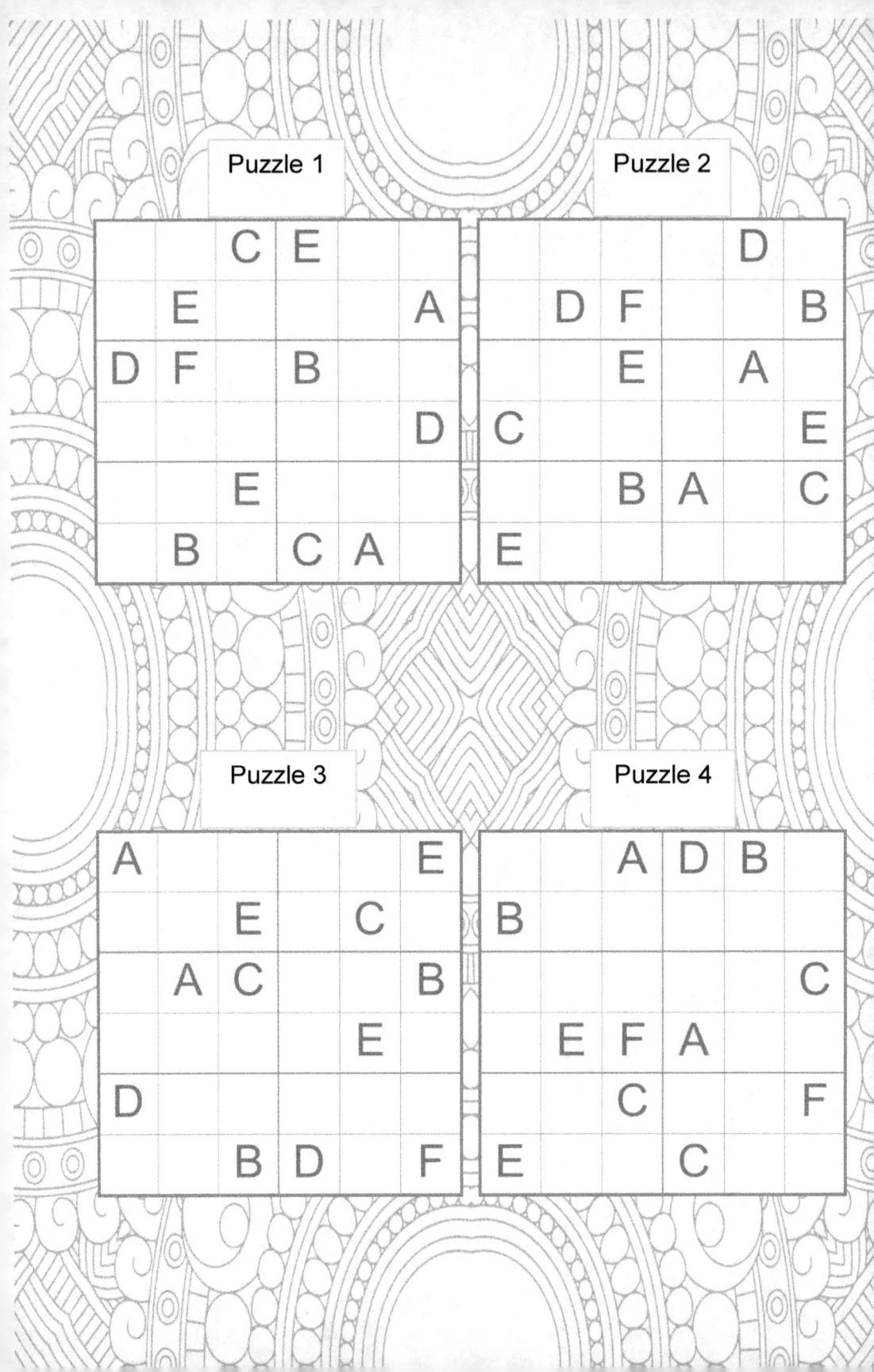

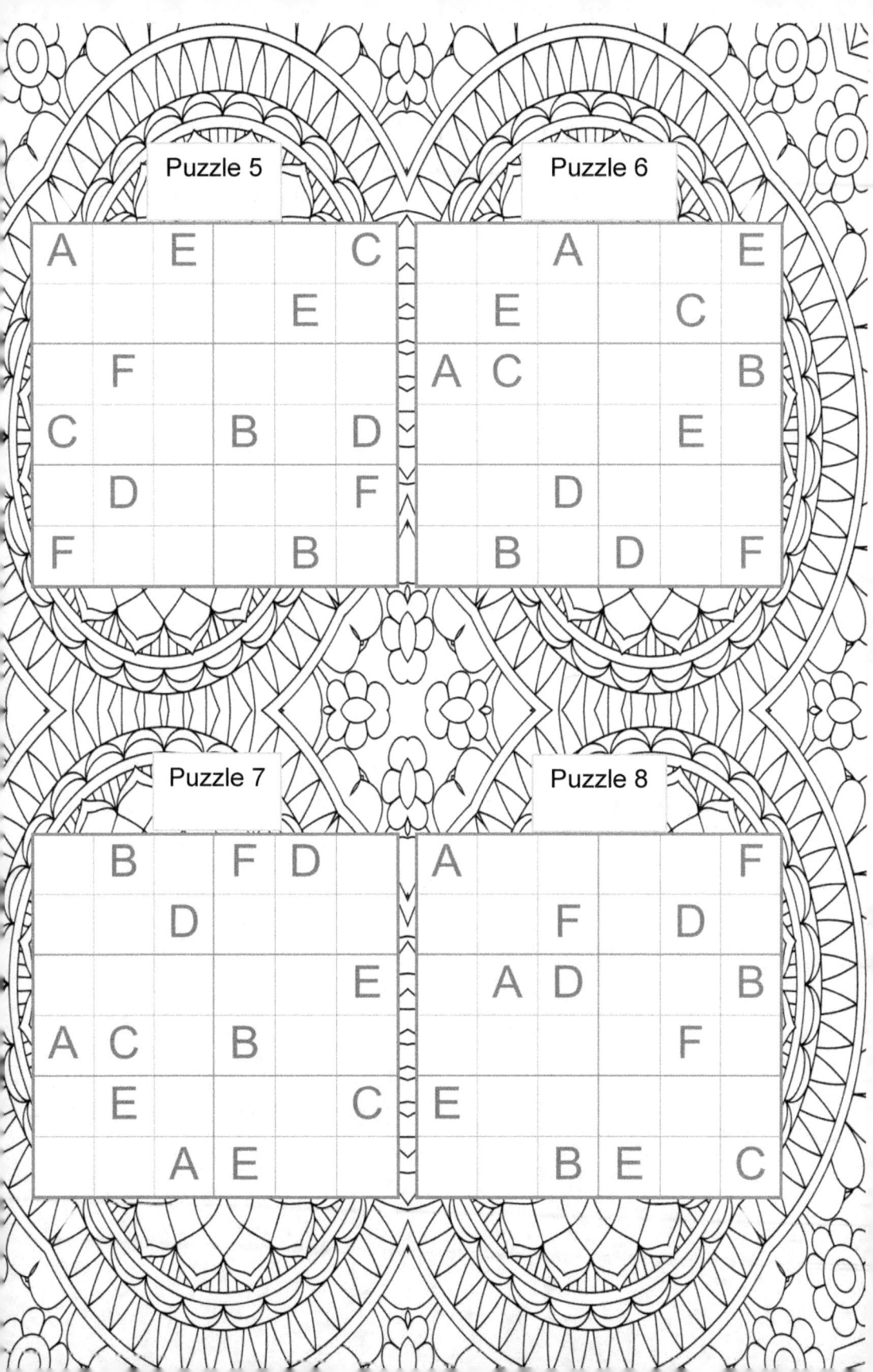

# Letter Sudoku Level 2 Answers

### Solution for Puzzle 1

| A | D | C | E | B | F |
|---|---|---|---|---|---|
| B | E | F | D | C | A |
| D | F | A | B | E | C |
| E | C | B | A | F | D |
| C | A | E | F | D | B |
| F | B | D | C | A | E |

### Solution for Puzzle 2

| B | E | C | F | D | A |
|---|---|---|---|---|---|
| A | D | F | E | C | B |
| F | B | E | C | A | D |
| C | A | D | B | F | E |
| D | F | B | A | E | C |
| E | C | A | D | B | F |

### Solution for Puzzle 3

| A | C | D | B | F | E |
|---|---|---|---|---|---|
| F | B | E | A | C | D |
| E | A | C | F | D | B |
| B | D | F | C | E | A |
| D | F | A | E | B | C |
| C | E | B | D | A | F |

### Solution for Puzzle 4

| F | C | A | D | B | E |
|---|---|---|---|---|---|
| B | D | E | F | C | A |
| A | B | D | E | F | C |
| C | E | F | A | D | B |
| D | A | C | B | E | F |
| E | F | B | C | A | D |

## Solution for Puzzle 5

| A | B | E | F | D | C |
|---|---|---|---|---|---|
| D | C | F | A | E | B |
| B | F | D | E | C | A |
| C | E | A | B | F | D |
| E | D | B | C | A | F |
| F | A | C | D | B | E |

## Solution for Puzzle 6

| C | D | A | B | F | E |
|---|---|---|---|---|---|
| B | E | F | A | C | D |
| A | C | E | F | D | B |
| D | F | B | C | E | A |
| F | A | D | E | B | C |
| E | B | C | D | A | F |

## Solution for Puzzle 7

| E | B | C | F | D | A |
|---|---|---|---|---|---|
| F | A | D | C | E | B |
| D | F | B | A | C | E |
| A | C | E | B | F | D |
| B | E | F | D | A | C |
| C | D | A | E | B | F |

## Solution for Puzzle 8

| A | D | E | B | C | F |
|---|---|---|---|---|---|
| C | B | F | A | D | E |
| F | A | D | C | E | B |
| B | E | C | D | F | A |
| E | C | A | F | B | D |
| D | F | B | E | A | C |

# Thank you
## for buying this book!
### Please write a few words as a review

Please check my website
www.kayenutman-writer.com
or Amazon for more books in the Sudoku Puzzles range, and other books by me, if you'd like printable versions, you'll find them on my website and on Etsy.com too. You can join my author group on Facebook at
Kaye Nutman - Author
www.facebook.com/groups/360878484067782
where you'll se lots of interesting things and learn about other things i produce as a hybrid writer.

## Kaye Nutman

 Now turn the page for your free bookmark

# BOOKMARK

## This book Belongs to

_____

Colour and Cut out

www.ingramcontent.com/pod-product-compliance
Lightning Source LLC
Chambersburg PA
CBHW052025290426
44112CB00014B/2379